C. A Ackermann

Polizei und Polizeimoral

nach den Grundsätzen des Rechtstaats

C. A Ackermann

Polizei und Polizeimoral
nach den Grundsätzen des Rechtstaats

ISBN/EAN: 9783743424579

Hergestellt in Europa, USA, Kanada, Australien, Japan

Cover: Foto ©Suzi / pixelio.de

Manufactured and distributed by brebook publishing software (www.brebook.com)

C. A Ackermann

Polizei und Polizeimoral

Polizei und Polizeimoral

nach den Grundsätzen des

Rechtsstaats.

Von

C. A. Ackermann,
Geh. Polizeirath.

Stuttgart.
Verlag von Ferdinand Enke.
1896.

Druck der Union Deutsche Verlagsgesellschaft in Stuttgart.

Vorwort.

An der Ausführung lange gehegter Absicht, ein Compendium gemeinverständlicher Polizeilehre zu schreiben, bin ich wahrscheinlich dauernd verhindert. Die folgenden Bruchstücke jedoch, welche Antwort auf die vielumstrittenen Fragen über den Begriff der Polizei und die Einschränkung der Polizei durch die Moral zu geben versuchen, mögen geeignet sein, den ausübenden deutschen Polizeibeamten einige Aufklärung in Betreff der Theorie ihres Fachs zu verschaffen und denen im großen Publicum, welche sich für öffentliches Recht und dessen Waltung interessiren, zu einem gerechten Urtheile über die Polizei zu verhelfen. So gebe ich sie in die Oeffentlichkeit.

Die hauptsächlich benutzte Literatur ist theils im nachstehenden Verzeichnisse, theils im Texte aufgeführt. Vielleicht wird man einige Namen vermissen, denn ich sehe mich außer Stande, nachzuweisen, wo ich im Verlaufe eines langen Berufslebens diesen oder jenen Gedanken zuerst ausgesprochen gefunden habe.

Der Verfasser.

Literatur.

Bähr, O., Der Rechtsstaat. Kassel und Göttingen, 1864. — Beck, J. T., Vorlesungen über christliche Ethik. III. Gütersloh, 1883. — Bluntschli, J. C., Das moderne Kriegsrecht der civilisirten Staaten. 2. Aufl. Nördlingen, 1874. — Bronsart von Schellendorf, P., Der Dienst des Generalstabs im Frieden und im Kriege. Berlin, 1875 f. (3. Aufl. v. Meckel, 1893). — v. d. Goltz, H., Ueber sittliche Werthschätzung politischer Charaktere. Gotha, 1872. — Gumplowicz, L., Rechtsstaat und Socialismus. Innsbruck, 1881. — Luthardt, Die Ethik Luthers. Leipzig, 1867. — Martensen, H., Die christliche Ethik. 4. Aufl. Karlsruhe und Leipzig, 1883. — Die Polizei und ihre Verhältnisse, insbesondere in Oesterreich. Wien und Leipzig, 1863. — Rümelin, G., Ueber das Verhältniß der Politik zur Moral (in dem Sammelwerke: Reden und Aufsätze. Freiburg und Tübingen, 1875). — Schäffle, A., Die Stellung der politischen Verwaltung im Staatsorganismus (in der Tübinger Zeitschrift für die gesammte Staatswissenschaft, Jahrg. 1871). — Stein, L., Die Verwaltungslehre. Stuttgart, 1865 ff. — Thiersch, H. W. J., Ueber den christlichen Staat. Basel, 1875. — Zimmermann, G., Die deutsche Polizei im 19. Jahrhundert. Hannover, 1845 ff.

Inhalt.

		Seite
I.	Polizeistaat und Rechtsstaat .	7
II.	Literarisches	16
III.	Begriff der modernen Polizei . .	30
IV.	Gesetzliche und sittliche Norm . . .	54

I.

Polizeistaat und Rechtsstaat.

Ein neuerer Schriftsteller (L. Gumplowicz, Rechtsstaat und Socialismus, 1881) nimmt an, daß der Herrschaftstrieb die Kraft ist, welche Staaten gründet, erhält, zertrümmert. Zustimmend folgern wir: der Herrschaftstrieb ist, wie jede Kraft, seiner Natur nach ohne Grenze; er empfängt seine Grenze erst durch eine andere Kraft, welche zum Theil dem herrschenden Factor immanent sein kann (Selbstbeschränkung), sonst aber im inneren Staatsleben gegen diesen Factor sich wendet, um für sich Freiheit der Bewegung, Mitbestimmung des Staatswillens, Theilnahme an dessen Ausführung zu erlangen und, wenn erlangt, zu bewahren und zu erweitern. Sie ist also theilweise ebenfalls Bethätigung des Herrschaftstriebs.

Andere erklären anders. Eine Auffassung, welcher u. A. Puchta (Instit. I § 11) Ausdruck giebt, bezeichnet den Staat in seinem Ursprunge als etwas von Gott Gegebenes; aber die Bildung und Entwickelung der Staaten und ihrer Verfassung ist vom Schöpfer dem menschlichen Wege, der Freiheit, dem Willen der Menschen überlassen worden. Vorher schon heißt es: „Die Staaten entstehen, wie das Recht selbst, durch den menschlichen Willen." Bluntschli (Allg. Staatsrecht I 221) sagt: „Das Bedürfniß des Staats ist mit der Menschheit geboren und der Trieb zum Staate von Gott in die menschliche

Natur gelegt." Mit solchen Lehren würde die obige Ansicht über die Bethätigung und Einschränkung des Herrschaftstriebes sich vereinigen lassen. Auch mit anderen Lehren über Bildung und Entwickelung der Staaten, deren Anführung hier zu weit führen würde.

Schutz für Leib, Leben und Eigenthum gegen Gefährdung von Außen ist die nächste Aufgabe, welche die herrschende Kraft ebensosehr im eigenen Interesse als in dem der Beherrschten zu erfüllen strebt. Dann wendet sie sich der Ordnung im beherrschten Gebiete zu; die Unterthanen sollen gegen Angriffe von Innen geschützt werden. Sie schlichtet Streit, sorgt für Strafjustiz, beseitigt die Blutrache und andere Selbsthülfe. Später stellt sie sich und den Unterthanen Culturaufgaben höherer Art, greift damit über in ein schon ohne staatliche Einmischung in engeren Kreisen, oft mit dem besten Erfolge, angebautes Gebiet, begegnet Mangel an Verständniß und passivem Widerstande, gebraucht Zwang, ihr Wohlfahrtsstreben durchzusetzen. Der Polizeistaat, eine Zwangsanstalt für das Glück des Volks, entwickelt sich. — Das sind die Umrisse des Laufes der Dinge in Deutschland.

In der staatsrechtlichen Literatur findet man zuweilen einen „Wohlfahrtsstaat" als Vorgänger des Polizeistaats. In Wirklichkeit hat er aber in Deutschland nicht bestanden, er ist ein Product der Rechtsphilosophie und Staatsdoctrin (Grotius, Pufendorf, Wolf). Denn die staatlichen Wohlfahrtsanordnungen waren, soviel wir sehen, mit Druck und Zwang verbunden, ihre Befolgung war nicht in das Belieben der Unterthanen gestellt. Zuweilen begegnet man freilich wohlmeinenden Rathschlägen, regelmäßig aber wird Gehorsam gefordert und die Strafe des Ungehorsams steht wenigstens im Hintergrunde. Höchstens ist der Grad des Zwanges im Laufe der Zeit ein verschiedener. Es liegt also kein Grund vor, die Bezeichnung „Polizeistaat" für die deutschen Territorien im 16. und 17. Jahrhundert ungeeignet zu halten.

Das Volksglück, welches im Polizeistaat erstrebt wird, stimmt vielfach sehr gut überein mit dem Interesse der landesfürstlichen Cameralverwaltung, dennoch wird der Polizeistaat ein Segen für das Volk. Zu vielem, was die heutige Gesellschaft als völlig selbstverständliche Voraussetzung gedeihlicher Existenz ansieht, wird damals der erste Grund gelegt. Je mehr aber die polizeistaatliche Regierungsweise dem Zwecke entspricht, also, die gesellschaftlichen Zustände ordnend, Sicherheit, Wohlfahrt, Bildung fördert, desto leichter und schneller entwickelt sich naturgemäß das Verständniß für das Unzureichende (denn viele von den Regierten als Mißstände empfundene Verhältnisse kann oder will man nicht beseitigen) und das Drückende solcher Verwaltung, und in dem Maße, wie auf Zeichen des Mißbehagens und vollends auf eine, wenn auch zaghafte Bethätigung abweichender Ansicht mit verstärktem Zwang, insbesondere durch form- und rücksichtslose Anwendung eines einseitig und im Gegensatze zum peinlichen Strafrechte geschaffenen polizeilichen Strafrechts, reagirt wird, wächst die Unzufriedenheit und das Streben der Regierten, von den Beschränkungen frei zu werden, welche eine selbständigere Entwickelung verhindern. Dazu kommt die sittliche Entrüstung über willkürliche Eingriffe in Privatrechte, über Ausbrüche ungezügelter Laune und Leidenschaft der Gewaltträger.

Früh schon erhebt die Wissenschaft ihre Stimme. Hugo Grotius (1583—1645) gründet das Staatsrecht auf einen Staatsgründungsvertrag, geschlossen zu Rechtsschutz und Wohlfahrt zwischen der Regierung und den gleichen und freien Bürgern des Staats. Aehnlich lehren Spinoza (1632—1677) und Hobbes (1588—1679), welcher übrigens dabei die Berechtigung des Staats, den an sich freien Einzelnen zu bestimmen und ihn sich zu unterwerfen, sehr treffend durch die Noth erklärt, welche aus dem Kriege Aller gegen Alle entsteht. Milton (1608—1674) leitet die Macht der Herrschenden vom

Volke ab: das Volk ist die Quelle der Macht, der obrigkeitlichen Autorität. Nicht der Herrscher ist souverän, sondern das Volk; an die Stelle der Hoheitsrechte sollen die Volksrechte treten.

Doch erleidet die eudämonistische Staatsidee an sich noch keine schweren Angriffe, vielmehr wird sie, besonders von Grotius, gestärkt. Der Staat soll vermöge seiner Macht die geistige und materielle Wohlfahrt der Staatsgenossen väterlich fördern. Wesen und Werth der Obrigkeit besteht in dem Guten was sie hervorruft; sie soll das Heil des Ganzen verstehen und das Glück desselben verwirklichen.

Bei Montesquieu (1689—1755) und Rousseau (1712 bis 1778) dagegen, Vorläufern der französischen Revolution, tritt die Beglückungstheorie zurück. Ersterer macht Epoche durch seine Lehre von der Trennung der Gewalten im Staate und von ihrem gegenseitigen Verhältnisse; letzterer will den „Gesellschaftsvertrag" als Grund und Anfang alles öffentlichen Rechts. Man kann sie die Begründer der Rechtsstaatstheorie nennen.

Nach ihnen machen deutsche Schriftsteller hier die neuen Lehren populär, oft zwar die Consequenzen abschwächend, vielleicht auch nicht klar erkennend, aber doch den Glauben an die Wohlthätigkeit des aufgeklärten und wohlwollenden Despotismus erschütternd und den Grund legend zu der späteren nachhaltigen Opposition. Kant (1724—1804) stellt eine Rechtsstaatstheorie auf und wird in Deutschland auf lange Zeit maßgebend für die Betrachtung staatsphilosophischer Dinge. Das freie Staatsbürgerthum, befugt, Theil zu nehmen an der Bildung des Staatswillens, wird das Losungswort.

Dabei wächst aber das Verständniß dafür, daß eine Freiheit nur möglich ist als beschränkte und geschützte Freiheit, daß die Entfesselung der Kräfte zur Unterdrückung der guten Kräfte führt, daß der Einzelne einen Theil seiner freien Selbstbestimmung opfern muß, um das Gedeihen des Ganzen, als vornehmste Bedingung der Entwickelung des Einzelnen, zu ermöglichen. Aretin (Staatsrecht der constitutionellen Monarchie, 1829) spricht von einer „Rechtspolizei", und Robert Mohl (Die Polizeiwissenschaft nach den Grundsätzen des Rechtsstaats, 1832) macht, wenn wir nicht irren, in der deutschen Literatur zuerst, den „Rechtsstaat" bei eingehender wissenschaftlicher Behandlung eines Verwaltungszweigs grundleglich. Seine Definition ist längst als unzureichend erkannt, ohne daß jedoch durch die neueren Erklärer ein endgültiger Abschluß über Begriff und Wesen des Rechtsstaats erzielt wäre. Das wird verständlich, wenn man die unzähligen Definitionen von „Staat" und „Recht" ins Auge faßt. Gefördert ist die Erkenntniß vom Wesen des Rechtsstaats in der zweiten Hälfte dieses Jahrhunderts vornehmlich durch Lorenz Stein und Gneist. Auch O. Bähr, dessen Rechtsstaat freilich auf einen Juristenstaat hinausläuft, hat in dieser Beziehung so anregend als unermüdlich gewirkt, und die Definition Stahl's ist sehr ansprechend, läßt aber Raum für bedenkliche Interpretation. Eine besondere Beachtung verdient Ludwig Gumplowicz, welcher kenntnißreich und mit vielem Scharfsinn die Theorie des Rechtsstaats einer eingehenden Revision unterzieht.

Haben die vorhandenen Definitionen nicht zu der erwünschten Sicherheit geführt, so ist man genöthigt, die Kriterien, wie sie zur Erläuterung abstracter Begriffsbestimmungen gegeben sind, herbeizuziehen. Man pflegt die folgenden als maßgebend anzusehen:

1. Gleichheit der Staatsgenossen vor dem Gesetze.
2. Das Wesen des Einzelnen ist, entsprechend der Idee des selbständigen Staatsbürgerthums, die freie Selbstbestimmung und Entwickelung. Sie darf vom Staate

a) nur gehemmt werden innerhalb der unantastbaren, vom Gesetze gezogenen Grenze und nur, sobald durch die nicht gehemmte Kraft die organische Gesammtentwickelung gestört wird. Hemmend darf der Staat danach nur wirksam werden, wenn der Grundsatz, daß jeder sich selbst helfe und schütze, so gut er es vermag, nicht anwendlich werden kann, weil Selbstschutz und Selbsthülfe unwirksam sind oder für die Gesammtheit nachtheilig werden;

b) nur gefördert werden, wenn und soweit es erforderlich ist für die Lösung von Culturaufgaben durch Herstellung der Bedingungen, welche der Einzelne sich nicht selber zu schaffen vermag, diesem und seiner freien selbständigen That überlassend, aus der Benutzung solcher Bedingungen sich sein eigenes Leben zu bilden und zu entwickeln.

3. Damit der Wille des Staats, das Gesetz, wirklich und gut zur Ausführung komme, und in der Annahme, daß die Freiheit ungleich mehr auf der Verwaltung als auf der Verfassung beruhe, wird das Verordnungsrecht der Verwaltung geregelt und begrenzt, den Regierten eine Theilnahme an der Verwaltung eingeräumt, indem sie in kleineren Bezirken staatliche Geschäfte ausüben, sei es durch Verbände, sei es durch Laien im persönlichen Ehrenamte. Gemeinden und Corporationen verwalten ihre eigenen Angelegenheiten selbständig.

4. Rechtsstreitigkeiten der Staatsgenossen werden durch unabhängige Richter entschieden. Der Staat unterliegt in seinen Privatrechtsverhältnissen sowohl als in Fragen öffentlichrechtlicher Natur der Rechtsprechung theils durch die ordentlichen Gerichte, theils durch besondere Gerichtshöfe des öffentlichen Rechts, gebildet aus Organen der Staats- und Selbstverwaltung.

Die Erfahrung hat gezeigt, daß die Ansichten derer, welche den Rechtsstaat nach diesen Postulaten wollen, hinsichtlich der Ausführungsweise und der Consequenzen erheblich aus einander gehen können. Was in deutschen Ländern ins Leben trat, ist Stückwerk geblieben; der eigentliche Inhalt des doctrinären Rechtsstaats ist der Mehrzahl der Staatsgenossen schwerlich klar und sympathisch geworden. Wohl aber haben manche Folgen der von rechtsstaatlichen Ideen beeinflußten Gesetzgebung und Verwaltung Bedenken erregen müssen. Die vom Staate in unzureichender Weise beschränkte Freiheit im wirthschaftlichen Leben des Volks verhalf dem Besitzenden zu immer größerem Besitze und zu einer Macht, welche sich feind= lich gegen den Nichtbesitzenden richtete und diesen durch Aus= beutung hinderte, sich von dem Reichen unabhängig zu machen. Die ideale Welt= und Lebensauffassung ward zurückgedrängt, sittliche Verflachung und Verrohung trat in den Vordergrund; die Selbstsucht nahm einen gemeinschädlichen Charakter an; der Stand der öffentlichen Sicherheit sank; das Mißtrauen gegen christliche Glaubens= und Sittenlehre erreichte im Volke einen früher nicht gekannten Umfang.

Die naturgemäße Reaction erachtete Ausnahmegesetze er= forderlich und erließ sie gegen Bestrebungen der römisch= katholischen Geistlichkeit und der Socialdemokratie, soweit sie staatsgefährlich erschienen. Es erfolgten eingreifende Restric= tionen in wirthschaftlichen Dingen. Neben Beschränkungen gewerblicher Freiheit trat staatlicher Zwang auf zur Besserung der Lage des vierten Standes. Das rechtsstaatliche Ideal verblaßte, indem man mehr und mehr aufhörte, bei Behand= lung der Fragen des öffentlichen Lebens den Rechtsstaat als absolutes Staatsprincip und absoluten Staatszweck aufzu= stellen und die Consequenzen als Norm zu betrachten.

Wie jedoch unter Herrschaft der rechtsstaatlichen Idee Manches von dem seine Unentbehrlichkeit erwiesen hat, was im Polizeistaate sich bewährt hatte, so wird unter der ver= änderten Ordnung der Dinge, zu welcher überzugehen wir im Begriffe sind und deren Signatur eine Reform des Wirth= schaftslebens des Volkes sein mag: die Hebung der ärmeren Volksklassen durch Opfer, welche die wohlhabenden sich frei=

willig auferlegen oder ihnen durch Zwang allmälig auferlegt werden, eine Reihe aus Bedürfniß und Kampf hervorgegangener und wirksam gewordener rechtsstaatlicher Einrichtungen ihres dauernden Werthes wegen erhalten bleiben. Insbesondere werden Schranken, welche während der letzten Jahrzehnte zum Schutze der persönlichen Freiheit dem staatlichen Thun gezogen worden sind, welches wir heute „Polizei" nennen, voraussichtlich Bestand behalten. Aber selbst wenn dies nicht oder nur mit Unterbrechungen der Fall sein sollte, denn die Umgestaltung kann sich zwar in Grundlage der Lehren des Christenthums, aber auch im Sinne des mehr und mehr die Gemüther erfüllenden Naturmechanismus oder des socialen Antinomismus oder auch eines modernisirten, auf eine Dictatur folgenden Polizeistaats vollziehen, — in der Gegenwart ist eine verständige und fruchtbare Besprechung polizeilicher Dinge nur möglich in Grundlage der Lehre vom Rechtsstaate.

Bei der folgenden Darlegung ist also die Polizei als Function des Rechtsstaats gedacht, und wir verstehen unter Rechtsstaat, von dem oben angegebenen descriptiven und adminiculirenden Beiwerke absehend, obwohl dessen Consequenzen im weiteren Verlaufe unserer Untersuchung berücksichtigend, den Staat, in welchem der Staatswille (Recht und Gesetz) dem verfassungsmäßigen Willen des Staatsoberhauptes und der staatsbürgerlichen Gesellschaft conform ist und die That des Staats (die Verwaltung) dem Staatswillen entspricht, also Recht und Gesetz realisirt. Diese Definition (auf welche wir keinen Werth legen) wird mancherlei Anfechtung begegnen. Indessen glauben wir, daß man sich mit ihr befreunden kann, zumal da bei vorhandener Identität des verfassungsmäßigen Willens des Staatsoberhaupts und der staatsbürgerlichen Gesellschaft mit dem Staatswillen eine ausreichende Einwirkung auf die Ausführung des Staatswillens als gesichert anzunehmen ist. Ein sehr beachtenswerther Einwurf (Gierke) gegen die Identität von Recht und Staatswille ist freilich bei dieser Definition nicht berücksichtigt. Wenn aber (nach Gierke) Rechtssätze "Normen sind, die nach der erklärten Ueberzeugung einer Gemeinschaft das freie menschliche Wollen äußerlich in unbedingter Weise bestimmen sollen", so kommt man, wie wir meinen, nicht umhin, nur in dem verfassungsmäßigen Staatswillen die "Ueberzeugung der Gemeinschaft" zu erkennen, welche maßgebend ist für das menschliche Wollen in seinen Beziehungen zur staatsbürgerlichen Gesellschaft.

II.
Literarisches.

Erst um die Mitte des 18. Jahrhunderts beginnen in Deutschland nennenswerthe wissenschaftliche Erörterungen über Polizei und seitdem ist über Wesen, Aufgabe, Grenzen der Polizei hin und her gestritten worden. Es sind zahlreiche Definitionen der Polizei gegeben worden, oft von den Praktikern mit Mißachtung angesehen. In der That war das, was die Theoretiker über Polizei schrieben, nicht immer geeignet, innerhalb der Verwaltung Interesse und Verständniß zu erwecken. Von der einen Seite ward der Polizei alles zugewiesen, was man zur Bequemlichkeit des Lebens und zum äußeren Wohlstande nöthig hielt, von der anderen ward ihr die Beförderung jeder Art Glückseligkeit der Unterthanen auferlegt. Bald erschien sie als ein Hoheitsrecht, welches bestimmt, was Jeder für das Ganze thun oder leiden soll, bald als Anstalt zur Erreichung hypothetischer Staatszwecke; dann wieder als Function, welche jegliche der Cultur hinderliche Uebel zu beseitigen hat. Auch bürdete man ihr gerne alle Verrichtungen auf, welche man bei anderen Verwaltungszweigen nicht glaubte unterbringen zu können. Das, was in der Gegenwart als ihre eigentliche Aufgabe erscheint, die Hemmung von Störungen der öffentlichen bürgerlichen Ordnung, ward selten mit Sachkenntniß und eingehend behandelt, z. Th. als der Rechtspflege angehörend bezeichnet. Eine klare, den wirklichen Verhältnissen entsprechende Begrenzung des Polizeigebietes konnte man nicht geben, weil man Dogmen festhielt, welche in der Studierstube erdacht waren. Allerdings kamen einige rühmliche Ausnahmen vor, aber man darf doch dem Verfasser einer im Jahre 1862 erschienenen Einleitung in die Staatswissenschaften (L. Jof. Gerstner) nicht ganz Unrecht geben, wenn er sagte: „Die Begriffe Polizei und Polizeiwissenschaft haben durch ihre Charakterlosigkeit den Anspruch auf Berücksichtigung verscherzt. Aus einem Begriffe, aus dem alles gemacht werden kann, ist zuletzt nichts zu machen; mit ihm fängt Jeder an, was er will." Noch in unseren Tagen ist in den Ankündigungen von Universitätsvorlesungen zuweilen von einer „sogenannten Polizeiwissenschaft" die Rede.

Derartige Urtheile und Auffassungen dürfen nicht von dem Versuche abschrecken, einige Uebersichtlichkeit in die Wirrniß von Begriffsbestimmungen zu bringen, diese, soweit sie bemerkenswerth sind, zu mustern und zu gruppiren. Wir gelangen zu fünf Gruppen, deren Bestandtheile freilich nicht immer so scharf ausgeprägt sind, daß sie nicht auch einer anderen, oder mehreren anderen, zugetheilt werden könnten.

1. Den von der polizeistaatlichen Reichs- und Territorialgesetzgebung gebrauchten Ausdrücken, aber auch den als maßgebend erachteten Theorien Christian Wolfs (1679—1754) und Pufendorfs (1632—1694) folgend, nannte man in der alten Polizeilehre alles dasjenige Polizei, was die Obrigkeit für die Beglückung der Unterthanen anordnete und durchführte. Vom eudämonistischen Standpuncte wurden also fast alle Gebiete der Verwaltung (mit Ausnahme der Rechtspflege, obwohl auch da Grenzirrungen unterliefen) als Polizei behandelt. Der Führer in dieser Richtung ist Justi (Grundsätze der Polizeiwissenschaft, 1756, und Grundsätze der Macht und Glückseligkeit der Staaten oder ausführliche Darstellung der gesammten Polizeiwissenschaft, 1760), der von der Polizei die Beförderung

der allgemeinen Glückseligkeit, Fürsorge für Erhaltung und Vermehrung des Staatsvermögens, Stimmung der Wohlfahrt der Familien auf das gemeinschaftliche Beste verlangt. Diese Forderungen werden von seinen Nachfolgern mannigfach variirt, zum Theil beschränkt. Heumann von Teutschenbrunn (1757) erklärt die Polizei als Sorgfalt für den vollkommenen Wohlstand des gemeinen Wesens; Beckmann (1779—91) behauptet, die Polizei sei die Wissenschaft, die verschiedenen Gewerbe nach der Absicht des Staats zu regieren; Holzschuher (1799) überträgt der Polizei die Sorge für Erhaltung und Vervollkommnung des Menschen und für Erhaltung und Mehrung des Eigenthums; ähnlich Drais (1803), welcher in seiner Definition kirchliche und Communalgegenstände, sowie die Rechtspflege ausschließt, und Butte (1807), ferner Hohenthal (Polizei ist der Inbegriff der Mittel, die zur Erhaltung und Beförderung des öffentlichen Wohls und der Glückseligkeit der einzelnen Bürger dienen), Kreitmayr (1769, Polizei ist gleichsam die Seele und das Leben des Staats), Hertius (die Polizei besteht in der Leitung des ganzen Volks zum Gemeinwohle), Jung=Stilling (Anwendung der besten und zweckmäßigsten Mittel, wodurch die regierende Gewalt alle Wirkungskreise der bürgerlichen Gesellschaft so leitet, daß nicht nur jeder Bürger leicht und ungehindert, sondern auch so wirke und handle, daß dadurch nicht nur das einzelne, sondern vorzüglich das allgemeine Beste im höchsten Grade befördert werde). Die physische Aufhebung der Hindernisse des Privatwohls der Einzelnen bezeichnet Hoffbauer (1804) als Aufgabe der Polizei, während Jacob (1809) in seinem jetzt noch lesbaren Buche: „Grundsätze der Polizeigesetzgebung und der Polizeianstalten", eine bemerkenswerthe Beschränkung der polizeilichen Fürsorge will, nämlich Beförderung aller gemeinsamen Zwecke nur, soweit sie durch Privatkräfte nicht so gut erreicht werden können. Nach Schlözer (1804) ist Zweck der Polizei, die „aus dem

Zusammenrücken und Absondern der Staatsbürger in einzelne Massen und in Völkerclassen und in Städte und Dörfer entstehenden Unbequemlichkeiten zu heben und die nun erst möglichen Bequemlichkeiten zu verschaffen", doch ist diese Einengung des Polizeigebiets nur scheinbar, denn die „Bequemlichkeiten" sind, genauer angesehen, nichts anderes als Volkswohlfahrt.

2. Ist bei den genannten Schriftstellern die Hemmung von Störungen und Gefährdungen der öffentlichen bürgerlichen Ordnung dem polizeilichen Pflichtenkreise nicht in bestimmt ausgesprochener Weise zugetheilt, so finden wir bei einer zweiten Gruppe eine Trennung in Wohlfahrts- und Sicherheitspolizei durchgeführt, wenn auch nicht immer strenge. Lamprecht (1785) scheidet Finanzverwaltung, Rechtspflege und Beziehungen zum Auslande aus; der Rest ist Polizei, welche öffentliche Ordnung und öffentliche Wohlfahrt zu erhalten hat. Nach Rössig (1786) ist Polizei das Ordnungswesen im Staate in Rücksicht auf innere Sicherheit, Schönheit, Bequemlichkeit, Bevölkerung, Sittlichkeit und den Nahrungsstand. Aehnlich Bergius (1788). Günther Heinrich von Berg (1799), Verfasser eines früher mit Recht hochgeschätzten Handbuches des deutschen Polizeirechts, einer der ersten unter den Polizeischriftstellern, welche die rechtliche Begrenzung der polizeilichen Befugnisse fordern, bezeichnet als Hauptaufgabe der Polizei die Abwendung der Hindernisse und Gefahren der Sicherheit und Wohlfahrt der Staatsbürger im Innern des Staats. Bei Weber (1804) spielen das Staatsvermögen und die Staatswohlfahrt die Hauptrolle; die Polizei soll Beides befördern durch Abwendung aller gemeinschädlichen Uebel. Der Kern seiner Polizeilehre ist aber doch die Wohlfahrtspflege. Soden (1809—1824) will die Beförderung der Vortheile des geselligen Beisammenseins im Staate und die Verhütung der aus diesem Beisammensein unmittelbar resultirenden Nachtheile. Er ist

neuerdings von Avé-Lallemant (1882) in überschwänglicher Weise auf den Schild gehoben. Avé, der alle sonstigen Definitionen der Polizei verwirft und bespöttelt, hat bemerkenswerther Weise selbst nie eine Definition gegeben. Um die Naturgeschichte des Gaunerthums verdient und deshalb in der polizeilichen Literatur oft genannt, kommt er in der Doktrin nicht zur Klarheit, besonders weil er der Polizei neben der auch von ihm erkannten Pflicht zur Erhaltung der öffentlichen Ordnung ethische Aufgaben stellt, ihr einen Theil der Schuld an den sittlichen Schäden im Volksleben aufbürdet. Nach Schmalz (1808) soll die Polizei die Handlungen der Unterthanen für den Zweck des Staats bestimmen; Schnaubert will Förderung des Gemeinwohls, zu dem er neben Industrie, Nahrung, Bevölkerung, Bequemlichkeit auch die allgemeine Sicherheit rechnet; ähnlich Fischer, unter Betonung der Pflichten der Staatsgenossen gegen den Staat, zu deren freiwilliger Beobachtung die Polizei verhelfen soll. J. J. Moser (Von der Landeshoheit in Polizeisachen, 1776) fordert von der Polizei Ordnungserhaltung und Beförderung der äußeren Glückseligkeit; Klüber Sicherheit, bürgerliche Ordnung, Cultur und Wohlstand. Auch Stahl (Philosophie des Rechts, 1830 bis 1837) vermischt, und zwar in recht vager Weise, die Wohlfahrts- und Sicherheitsforge; Günther (1837) unterscheidet zwischen Regierung im engeren Sinne, welche die gemeine Wohlfahrt direct fördert, und Polizei, welche für die Verminderung und Abwendung der Uebel und Hindernisse der Wohlfahrt sorgt. Von Robert Mohl wird weiter unten die Rede sein. Rau (1853) stellt dem Staate eine dreifache Aufgabe: Sicherheit, Wohlfahrt und Bildung. Die Sicherung gegen wissentliche Verletzung der Menschen ist nach ihm Justizsache, die Sicherung gegen materielle Uebel (unbeabsichtigte Folge menschlichen Unrechts und der Naturübermacht) Pflicht der Polizei (also Sicherheitspolizei). Daneben: Wohlfahrts-,

Cultur- und Wirthschaftspolizei als pflegende Thätigkeit und dazu noch ein Kreis aufgetragener Functionen. Die Unterstützung anderer Verwaltungszweige in deren Thun bezeichnet auch einer der bedeutendsten und geistvollsten unter den lebenden Staatsgelehrten, Schäffle (1871), als selbständigen polizeilichen Bereich neben Sicherheits- und Wohlfahrtssorge. Nach ihm ist die Polizei ein Organ nicht bloß für hemmende, sondern auch für pflegende Thätigkeit der inneren Verwaltung. Von den durch Gustav Zimmermann (s. w. u.) in die deutsche Polizeilehre eingeführten charakteristischen Thätigkeiten der Polizei adoptirt er für seine Definition die Beobachtung und Repression.

Die Competenz einer die Wohlfahrt, Cultur und öffentliche Ordnung bewahrenden und fördernden, mit Bevormundungsrechten und Zwang ausgerüsteten doktrinären Polizei ist eine sehr umfängliche. Man lächelt jetzt wohl über eine derartig angeschwollene Polizeiwissenschaft, aber die betreffenden Schriftsteller sollten gegen Spott gesichert sein, wenn sie zutreffend das schilderten und erörterten, was nach den zu ihrer Zeit geltenden Anschauungen oder nach ihrer wissenschaftlichen Ueberzeugung dem Polizeibereiche angehörte. Die ältere Doctrin wies der Polizei u. A. zu: das Verfahren bei Bankerott und Nachdruck, die Ausgleichung von Kriegsschäden, die Ueberwachung der Kindererziehung, das Vormundschaftswesen, die Sorge für Volksernährung und gegen Uebervölkerung, für Wittwen und Waisen, Maßregeln gegen Luxus, Verbote des Schlittenfahrens und Tanzens Schwangerer, der Schnürleiber, des Frisirens und Haarbrennens, den Erlaß von Vorschriften über Behandlung von Wöchnerinnen und Neugeborenen und über das Säugen und Nichtsäugen der eigenen Kinder, Vorbeugung der Vererbung von Krankheiten, Hebung der geistigen Bildung des Volks, der religiösen Erkenntniß, der Cultur und des Geschmacks, die Ermöglichung des Erwerbs von Grundeigenthum, sowie dessen richtige Vertheilung u. dgl. m. Friedrich Benedict Weber (1804) schrieb ein Handbuch der Staatswirthschaft, in welcher Hauswesen und Hauswirthschaft, Bevölkerungsstatistik, Eherecht, Unterrichts= und Bildungswesen, mit Einschluß der Universitäten, Museen u. f. w., als Gegen= stände polizeilicher Sorge abgehandelt werden. Selbst in Robert Mohl's Polizeiwissenschaft, einem jedenfalls höchst achtungswerthen Werke (erste Auflage 1832, dritte Auflage 1866), findet man noch die Sorge des Staats für gehörige Volkszahl, für Landwirthschaft, Bergbau, Gewerbe, Handel und Verkehr, Maßregeln bei Theurung, die gesammte Armenpflege, das Unterrichtswesen, Förderung der religiösen Bildung, Be= günstigung der Erwerbung von Capital.

3. Ward die Sicherheitspolizei durch die Wohlfahrtspflege in der deutschen polizeiwissenschaftlichen Literatur noch während der ersten vier Jahrzehnte des 19. Jahrhunderts meistens in den Hintergrund gestellt, so finden wir doch in der zweiten Hälfte des 18. Jahrhunderts schon in der Gesetzgebung hin und wieder die Erhaltung der öffentlichen bürgerlichen Ord= nung als die eigentliche Aufgabe der Polizei. So im preußi= schen Allg. Landrechte (Th. II Tit. 17 § 10): „Die nöthigen Anstalten zur Erhaltung der öffentlichen Ruhe, Sicherheit und Ordnung und zur Abwendung der dem Publico oder einzelnen Mitgliedern desselben bevorstehenden Gefahr zu treffen, ist das Amt der Polizei." Dazu muß aber bemerkt werden, daß andere Bestimmungen desselben Gesetzbuchs und spätere preußische Gesetze diesen Begriff der Polizei erweitern und verdunkeln. Die erforschende polizeiliche Thätigkeit, die heutige „Criminal= polizei" wird (II 17 § 12) einer „Polizeigerichtsbarkeit" in beschränktem Umfange zugesprochen; sie hat das „Recht des ersten Angriffs und der vorläufigen Untersuchung". — In Frankreich bestimmte der Code de Brumaire an IV, art. 16: „la police est instituée pour maintenir l'ordre public, la liberté, la propriété, la sûreté individuelle; und der Code

d'Instruction crim., art. 8 regelt in einer später auch für andere Länder maßgebend gewordenen Weise das Verhältniß der Polizei zur Strafjustiz: „la police judiciaire a pour objet de rechercher les délits, d'en rassembler les preuves et d'en livrer les auteurs aux tribunaux." — Vereinzelt bezeugt sich theils gleichzeitig, theils bald darauf in der Literatur die Erkenntniß, daß öffentliche Ordnung und Sicherheit, wenn nicht immer das ausschließliche, so doch das Hauptobject des polizeilichen Thuns seien. Das Verhältniß zur Strafrechtspflege bleibt dabei noch undeutlich. So bei Sonnenfels (1765), mit dem wir diese dritte Gruppe beginnen; später bei Kant (1797 in den metaphys. Anfangsgründen der Rechtslehre: die Polizei besorgt die öffentliche Sicherheit, Gemächlichkeit und Anständigkeit), Erb, Hufeland, Klein, Florencourt. Auch bei Kremmer (1807), der freilich daneben der Polizei die Aufgabe stellt, „die Staatsbürger zur Rechtlichkeit zu leiten" und „Alles aus dem Wege zu räumen, was die Realisirung des Staatszwecks auch nur mittelbar hindern kann". Emmermann (1807) betont das Recht der Bürger auf allgemeine Sicherheit und verwirft die Verbindung der Sorge für das öffentliche Wohl und Vergnügen mit dem Polizeibegriffe. Nach Burkhart (1808) besteht die Polizei in dem Umfange derjenigen Gesetze, welche die Urrechte der Menschheit gegen eine jede Gewaltthätigkeit unbedingt garantiren und sicherstellen. Eisenhut (1808) will vorbeugendes Wirken der Polizei gegen Handlungen und Ereignisse, welche öffentliche Sicherheit und Wohlfahrt bedrohen, soweit nicht der Einzelne thätig werden kann. G. Gerstner (1808) versteht unter Polizei eine Staatsanstalt zur Sicherung des Publicums gegen Verletzung seiner Rechte, Henrici (1808) „den Theil der Staatsdisciplin, welcher den Staatszweck nicht nach rechtlichen Grundsätzen, sondern nach den Gesetzen des physischen Causalzusammenhangs fördert", Naturschaden abwendet, Rechtsstörung durch physische

Gewalt der Menschen verhindert, das an sich gegen Recht, Moral und Religion indifferente Wohlsein befördert. Harl (1809. 1812) beschränkt die Polizei auf Sicherung der Freiheit und des Eigenthums, den Schwerpunkt erblickt er in der Verhütung von Störungen. Bei ihm und den zuletzt genannten sechs, zur Zeit der Napoleonischen Kriege und des Rheinbundes schreibenden Autoren ist der Einfluß des französischen Polizeibegriffs erkennbar, weniger bei Grävell (Ueber höhere, geheime und Sicherheitspolizei, 1820), bei dem man auch jetzt noch Anregung findet, und der an dieser Stelle zu nennen ist. Wohl aber zeigt sich das Bild französischer Polizei in scharfer Ausprägung bei dem einige Jahrzehnte später (1845) auftretenden Gustav Zimmermann, auf den wir im Verlaufe unserer Darlegungen mehrfach zurückkommen werden. Unter radicaler Ausscheidung alles dessen, was der staatlichen Wohlfahrtspflege angehört, behandelt er die Polizei, wie sie, theils in Frankreich, theils in Deutschland, thatsächlich vorhanden und in Uebung war, die Polizei „modernen Begriffs".

Auf die nach wissenschaftlicher Erkenntniß ringenden Praktiker wirkte sein dreibändiges Buch: Die deutsche Polizei im 19. Jahrhundert. Hannover 1845—1849, wie eine Erlösung. Von ihm sind die charakteristischen Thätigkeiten der Polizei, zu denen er außer Vorbeugung, Repression und Entdeckung auch die dauernde und systematische Beobachtung aller den Ordnungszustand berührenden Verhältnisse und Vorgänge zählt, der deutschen Polizeilehre eingefügt worden. Für die theoretische Erörterung polizeilicher Fragen ist er vielfach noch in der Gegenwart maßgebend. Mehr oder weniger folgen seinen Spuren: Roscher (1854), welcher jedoch nur eine verhindernde Thätigkeit der Polizei will, v. Preen (1858), welcher in einer sehr ansprechenden Weise als Aufgabe der Polizei die Organisation des Publicums hinstellt, Ackermann (1857—1861 und später), Förstemann (1869), G. A. Grotefend (1869), Hue de Grais (1888) und einige Andere[1]).

4. Zahlreiche der älteren Polizeischriftsteller ließen die Frage nach der rechtlichen Begrenzung der Polizei außer Betracht oder erwähnten ihrer nur beiläufig. Das Hoheitsrecht, die obrigkeitliche Gewalt und die von ihr erstrebten Zwecke waren die selbstverständliche Voraussetzung und Grundlage; man begnügte sich, darauf hinzuweisen, daß die Grenzen der Polizeigewalt im Allgemeinen die nämlichen seien, welche der Staatsgewalt überhaupt gezogen waren. So Pütter (welcher zwar jeden Zwang zur Beförderung der Glückseligkeit verwirft, aber den Gebrauch jedes zweckmäßigen und erlaubten Mittels zur Abwendung von Hindernissen und Gefahren der Sicherheit und Wohlfahrt fordert), Gönner, Klüber u. A. Der vorhin schon genannte Berg (1799) ist zwar ein Verfechter der Ho-

---

[1]) Man hat aus sittlichen, mehr vielleicht noch aus nationalen Gründen abfällig darüber geurtheilt, daß Zimmermann die französische Polizei als „Vorbild" aufstellte. Zuzugeben ist, daß Zimmermann, um anregend auf seine Leser zu wirken, zuweilen eine Sprache gebraucht, die humoristisch sein soll, aber eine gewisse Frivolität bekundet; man vermißt nicht selten den sittlichen Ernst. Aber man sollte nicht außer Acht lassen, daß er die dunklen Seiten des französischen Polizeiwesens erkannt hat und nicht verschweigt, weiter auch, daß man, als er seine „deutsche Polizei" schrieb, in Deutschland noch nicht an politischem Chauvinismus krankte, sondern in der Presse, wie in Vereinen 2c. die unter dem „Bürgerkönige" Ludwig Philipp theils bestehenden, theils angestrebten staatlichen Institutionen voll Begeisterung anpries. Das wirklich Gute in der französischen Polizei hat in allen Culturstaaten Nachahmung gefunden, namentlich hat England davon importirt. Auf Schiller wirkten die Lichtseiten dieser Polizei derartig, daß er Jahre hindurch beabsichtigte, das Pariser Polizeiwesen und dessen Chef d'Argenson in einem Drama, wenn auch nicht zu verherrlichen, so doch nach seinen heilsamen Erfolgen darzulegen und gerechter Würdigung zu unterziehen. Interessant ist dabei auch der Plan Schiller's, den achtungs- und liebenswerthen „Privatmann" d'Argenson von dem „Polizeimann" scharf zu unterscheiden. (Vgl. Dr. L. Stettenheim, Schiller's Fragment „Die Polizey" mit Berücksichtigung anderer Entwürfe des Nachlasses, 1893.)

heitsrechte, aber er fordert, daß die Polizei nie weiter gehe, als der ihr eigenthümliche Zweck nöthig mache, und verweist auf die Gefahren einer bloß nach Zweckmäßigkeitsgründen handelnden Verwaltung. „Das wohlthätige Hoheitsrecht der Polizei kann in das drückendste Unrecht ausarten." Um die Zeit, als Berg sein Handbuch des deutschen Polizeirechts schrieb, begannen die Theorien von den verfassungsmäßigen Rechten der staatsbürgerlichen Gesellschaft die Lehre von den Hoheitsrechten zurückzudrängen; die bürgerliche Freiheit ist gegen die Polizeigewalt zu schützen (Hohenthal, Fischer, Emmermann, Drais und der wegen seiner typischen Bedeutung weiter unten noch zu nennende Lotz). Die polizeiliche Bevormundung soll durch das Recht eingeschränkt werden. Der Selbstbestimmung des Einzelnen ist es zu überlassen, sich sein Glück zu schaffen, der Staat hat ihn darin nur zu schützen, und der Polizeischutz ist gleich der Rechtspflege an strenge Form und Vorschrift zu binden. Hier sind, einer späteren Zeit angehörend, noch zu nennen Rotteck (1829 ff.) und seine Schule, welche die Polizei als Gegnerin der staatsbürgerlichen Freiheit principiell bekämpfen. Ein System rechtsstaatlicher Polizei aufzustellen versuchte Behr (gestorben 1848; Allg. Polizeiwissenschaftslehre oder Pragmatische Theorie der Polizeigesetzgebung und -Verwaltung) mit redlichstem Willen und reichem Wissen, aber ohne nennenswerthen Erfolg; die Wohlfahrtspflege nimmt in seiner Polizei einen großen Platz ein. Dasselbe muß von Robert Mohl (seit 1832) gesagt werden, dessen „Polizeiwissenschaft nach den Grundsätzen des Rechtsstaats" (erste Auflage 1832, dritte Auflage 1866) freilich große Verbreitung gefunden hat. Nach ihm ist Polizei die Gesammtheit derjenigen Anstalten und Handlungen, welche bezwecken, durch Verwendung der Staatsgewalt die äußeren, nicht in Rechtsverletzungen bestehenden Hindernisse zu entfernen, welche der allseitigen vernünftigen Entwickelung der Menschenkräfte im Wege stehen, und welche der Einzelne oder ein erlaubter Verein von Einzelnen nicht wegzuräumen vermag. Schutz der Rechte gegen unrechten Willen gehört der Justiz an, welche theils als Präventivjustiz alle Unrechtsvorbeugung, theils als repressive oder wiederherstellende Justiz alle Unrechtsunterdrückung besorgt. — Hier könnten noch andere der bereits erwähnten Schriftsteller wiederholt genannt werden, welche (wie G. Zimmermann und seine Nachfolger) zwar den doctrinären Rechtsstaat nicht zu Grunde legen, aber mehr oder weniger dringlich Recht und Gesetz im polizeilichen Thun beachtet wissen wollen.

5. Das gilt auch von den jetzt zu erwähnenden Schriftstellern, welche ohne Ausnahme die Polizei an Recht und Gesetz gebunden erachten, für die wir aber eine besondere Gruppe bilden, weil sie den nach Maßgabe der Gesetze zu übenden Zwang als charakteristisches Merkmal der Polizei ansehen. Wir nennen zuerst Johann Friedrich Eusebius Lotz, dessen im Jahre 1807 erschienenes vorzügliches Werk: „Ueber den Begriff der Polizei und den Umfang der Staatspolizeigewalt" man noch heute, nach bald hundert Jahren, mit Interesse lesen wird. Auch er lehrt noch eine Wohlfahrtspolizei, „Ermöglichung der höchsten Vervollkommnung der Unterthanen im bürgerlichen Verein", von ihm Hülfspolizei genannt, weil er sie vorwiegend durch „freie Hülfe" gefördert wissen will; das Thun zur Erhaltung der öffentlichen bürgerlichen Ordnung oder, wie er es ausdrückt: „Herstellung eines von Wollen oder Nichtwollen der Bürger abhängigen Sicherheitszustandes der Rechte Aller" ist nach ihm hauptsächlich Zwang, und er giebt diesem Thun den Namen Zwangspolizei. Ihm reiht sich Pölitz (1823) an: durch die Polizei wird der Staat unmittelbar gesichert und erhalten, seine ununterbrochene Verwirklichung befördert und erleichtert. Die Polizei hat theils die öffentliche Sicherheit und Ordnung im Staate vor möglichster Verletzung zu bewahren, die geschehene Verletzung sogleich zu erkennen und auszugleichen

und zu dem Ende Zwang anzuwenden, theils ohne Zwang Cultur und Wohlfahrt der Staatsbürger zu begründen und zu befördern. Daher Scheidung in Zwangspolizei und Cultur- (Wohlfahrts-) Polizei. Die Grenze zwischen Justiz und Polizei ist bei dieser Definition unkenntlich. Aehnlich Aretin (1827), Beglückungs-, Aufklärungs-, Wohlfahrtsbestrebungen ausscheidend; die zur Erhaltung von Ordnung und Sittlichkeit ergehenden Bestimmungen sind Zwang. Seydel (1885 in Schönberg's Handb. d. polit. Oekonomie, zweite Auflage) ist zweifellos im Rechte, wenn er die obrigkeitliche Wohlfahrts- und Ordnungssorge im Polizeistaate als Zwangsgewalt charakterisirt. Aber auch die heutige Polizei nennt er eine Zwangsgewalt, durch welche der Staat sich und seine Angehörigen vor Gefährdungen durch Menschen schützt. Nach G. Meyer (1883) ist Polizei diejenige Thätigkeit der inneren Verwaltung, welche sich als Beschränkung der persönlichen Freiheit der Einzelnen äußert und in den Formen des Zwanges auftritt. G. A. Grotefend (1869) erblickt ebenfalls in der Anwendung von Zwang das Charakteristische der einen unbedingten Gehorsam von Jedermann fordernden Polizei. Ebenso Pözl (1866), welcher übrigens, in Anlehnung an bayerische Gesetzgebung und Einrichtungen, die Wohlfahrt des Staats, soweit diese als die unerläßliche Bedingung der Sicherheit des Bestehenden erscheint, der Polizei unterstellt und dadurch neben seiner im Ganzen den thatsächlichen Verhältnissen entsprechenden Sicherheitspolizei zu einer Bevölkerungs-, Wirthschafts- und Culturpolizei gelangt. Bei H. Schulze (Preußisches Staatsrecht, 1877), Löning (Deutsches Verwaltungsrecht, 1884), Kirchenheim (Einleitung in das Verwaltungsrecht, 1885) und O. Gerland (im Archiv für öffentl. Recht von Laband und Störck, 1889) ist Polizei die Bethätigung der autoritativen Zwangsgewalt, genauer: bei Schulze als „wesentliches Attribut" der Polizei, in deren Bereich der pflegende Theil der inneren Verwaltung nicht gehört; bei Löning sofern sie zu den Zwecken der inneren Verwaltung gehandhabt wird; bei Kirchenheim, der nicht allzuviel Werth auf diese Begriffsbestimmung legt, als zwingende, befehlende, verbietende, direct oder durch Strafandrohung nöthigende Thätigkeit auf dem Gebiete der inneren Verwaltung; bei Gerland, welcher den Polizeibegriff nach preußischem Rechte geschickt und scharfsinnig feststellt und sich einer Entscheidung des preußischen Oberverwaltungsgerichts anschließt mit dem Zusatze, daß derjenige Zweig dieser Zwangsgewalt, welchem die Fernhaltung erheblicher Gefahren für das Gemeinwesen und insbesondere die Abwehr der Angriffe, welche der zum Schutze derselben aufgestellten Rechtsordnung drohen, die Abstellung gemeinschädlicher und gemeingefährlicher Mängel in diesem Sinne, obliegt, das Gebiet der Sicherheitspolizei bildet. Zum Schluß sei Lorenz Stein, unter den Neueren der Matador der Zwangstheorie, angeführt (Verwaltungslehre 1865 ff. Bd. I S. 197 f.). Für ihn ist die Polizei nichts als die zwingende Gewalt für sich gedacht, mag sie erscheinen, wo sie will; sie ist ein Moment der Vollziehung, aber ein selbständiges, und durchdringt den ganzen Staat und sein Leben, wie die letztere, erscheint jedoch nur dann, wo der thätige Wille des Einzelnen mit dem thätigen Willen des Staats in Widerspruch tritt.

III.
Begriff der modernen Polizei.

Auf Grund der Ergebnisse unserer Musterung deutscher polizeiwissenschaftlicher Literatur werden auch wir eine Begriffsbestimmung der Polizei geben. Die vorhandenen Definitionen enthalten mancherlei, was noch jetzt zutreffend ist; so wird es möglich, statt eines Neubaues einen Durch= und Umbau auf vorhandenem Fundamente, mit alten, aber brauchbaren Materialien zu unternehmen.

1. Zunächst ist im Auge zu behalten, daß die Verwaltung, wie oben gesagt ward, die That des Staates ist und deshalb die Polizei, als Theil der Verwaltung, ebenfalls als ein Thun, nicht als ein Organismus, eine Anstalt (oder gar als ein Inbegriff von gesetzlichen Vorschriften) aufzufassen ist. Darin hat neben vielen Anderen selbst ein so erleuchteter Kopf, wie G. Zimmermann, gefehlt, welcher die Polizei als ein "Behördeninstitut" betrachtet, zwar nicht in den anderswo oft zu bemerkenden Irrthum geräth, nach dem in den einzelnen Ländern und Orten sehr verschiedenen Geschäftskreise dieses Behörden=Instituts die Aufgabe der Polizei zu bestimmen, aber auf dem gewählten Wege, zumal er die Thatsache, daß polizeiliche Thätigkeit nicht ausschließlich von Polizeibehörden geübt wird, nur beiläufig bespricht, nicht dahin gelangt, Einflüsse fern zu halten, welche den Begriff der Polizei verdunkeln.

2. Ebenso führt es zu Unklarheiten, einen „Staats=
zweck" für die Begriffsbestimmung maßgebend zu machen,
schon weil die Meinungen über den Staat und seinen Zweck
weit aus einander gehen. Für unsere, auf der Lehre vom
Rechtsstaate fußende Darlegung ist jedoch daran festzuhalten,
daß nach dieser Lehre die freie Selbstbestimmung des einzelnen
Staatsbürgers nur insoweit eine Förderung und Hemmung
durch die Verwaltung zu erfahren hat, als der Staatswille,
d. h. Recht und Gesetz, dies fordern und zulassen. Die Polizei
ist also an Recht und Gesetz gebunden.

3. Förderung und Hemmung der natürlichen und per=
sönlichen Kräfte zum Zwecke der organischen und also gedeih=
lichen Gesammtentwickelung liegt der Verwaltung ob in ihren
drei großen Grundformen: der Pflege des staatswirthschaft=
lichen Lebens (Finanzverwaltung), der Rechtspflege und der
Verwaltung des Innern, diese letzte, nach Lorenz Stein,
eine Reihe der verschiedensten und wichtigsten Aufgaben nach
allen Seiten des Gesammtlebens umfassend, weil der Staat
abhängt „von der persönlichen, wirthschaftlichen und gesell=
schaftlichen Entwickelung seiner Angehörigen" und dadurch der
Gesammtzustand des Staats gewissermaßen identisch wird mit
dem Zustande und der Entwickelung der Einzelnen. Von den
vorhandenen zahlreichen Staatszwecktheorien absehend, die
staatlichen Functionen nach Aufgabe, Gepräge und thatsäch=
licher Aeußerung, hier also das fördernde und hemmende Thun
der inneren Verwaltung scheidend, gelingt es, das Unklare
und Unzutreffende hergebrachter Meinungen und Ausdrücke zu
erkennen und mit der alten Doctrin völlig zu brechen, welche
Wohlfahrts= und Ordnungssorge unter dem Polizeibegriff
vereinigte. Die rechtsstaatliche Lehre von der freien Selbst=
bestimmung und Entwickelung der einzelnen Staatsbürger und
der daraus hervorgegangene Sprachgebrauch lassen nicht zu,
der von der inneren Verwaltung geübten Wohlfahrtsförderung

einen Namen zu geben, welcher im Polizeistaate die von den
Regierenden mit Zwang versuchte Beglückung der Unterthanen
bezeichnete. Der Name „Wohlfahrtspolizei" paßt nicht
mehr, weil er für den Polizeistaat paßte. Kommt er auch in
der Gegenwart hier und dort (namentlich in Preußen und
Sachsen) in Ausbildung älterer Gesetzgebung und im An=
schlusse an sie (z. B. in Rönne's Preuß. Staatsrecht) noch vor
(zuweilen abgeändert in „Verwaltungspolizei" im Gegensatze
zur Sicherheitspolizei), so kann das nicht hindern, in der
Polizeilehre reinen Tisch zu machen, die fördernde oder
pflegende Thätigkeit der inneren Verwaltung völlig außer Be=
tracht zu lassen. Unter den neueren Schriftstellern hat wohl
zuerst Bluntschli die Scheidung zwischen „Pflege" und
„Polizei" in der Verwaltungslehre im Ganzen consequent
durchgeführt. Unter Polizei versteht er die hemmende
Thätigkeit der Verwaltung. Dem könnte man zustimmen,
läge dabei nicht die Gefahr nahe, den Polizeibegriff zu weit
zu fassen, wie u. A. Lorenz Stein dies thut, wenn er in
seiner bestechenden Begriffsbestimmung (Verwaltungslehre IV
S. 1 f.) sagt: „Der Begriff der Polizei enthält die Gesammt=
heit der Functionen des Staates, durch welche derselbe
jedem in der Natur jeder Kraft liegenden maßlosen und eben
dadurch gemeingefährlich werdenden Streben begrenzend ent=
gegentritt, wo ein solches die öffentlichen Zustände der Ge=
meinschaft und ihres Rechts, ihres inneren und äußeren Lebens
sich und seinen Sonderzwecken unterzuordnen trachtet und da=
durch die organische Gesammtentwickelung gefährdet"[1]). Dies

---

[1]) Noch zwei andere bedeutende Staatsgelehrte sind hier zu nennen,
weil sie, ähnlich wie Stein, der polizeilichen Hemmung ein sehr weites
Gebiet zuweisen. Nach Laband (Staatsrecht des Deutschen Reichs, 2. Aufl.
1888—1891) besteht das Wesen der Polizei darin, daß die natürliche Hand=
lungsfreiheit des Einzelnen im Interesse der Gesellschaft oder des Staats
Beschränkungen unterworfen wird. Sarwey (in Marquardsens Hand=

begrenzende Thun ist jedoch, wie auch Stein selbst lehrt, jedem Verwaltungszweige immanent, es ist also nicht das, was man in der Gegenwart unter Polizei versteht, es umfaßt auch die Strafrechtspflege und die Ordnungssorge gegen Gefährdung der Interna anderer Thätigkeitsbereiche. Daher kommt Stein (ebenso wie Schäffle) zu einer Polizei innerhalb der Polizei, welcher er den Namen Sicherheitspolizei giebt. Desgleichen Seydel, welcher nach dem Gegenstande der abzuwehrenden Gefährdung die Polizei in zwei Theile scheidet: Sicherheitspolizei (gegen Gefährdungen, welche die Sicherheit des Staats oder seiner Bürger im Allgemeinen bedrohen), Verwaltungspolizei (Schutz bestimmter einzelner Zweige der staatlichen Regierungsthätigkeit, als solche — nach Stein — kein selbständiges Gebiet staatlichen Wirkens, sondern für jedes Gebiet der Verwaltung die negative Function).

4. Wir halten es für überflüssig und unrichtig, die von einem Verwaltungszweige im Interesse seiner Interna geübte Ordnungsthätigkeit und den Beistand, welchen die Polizeiverwaltung dabei etwa leistet, zur Erklärung dessen, was Polizei ist, heranzuziehen. Mag man immerhin im täglichen Leben von einer Finanz-, Forst-, Gewerbe-, Bevölkerungs-, Anstalts-, Hauspolizei u. s. w. reden; wenn es sich um Feststellung des Begriffs der heutigen Polizei handelt, muß ein selbständiges Gebiet der Polizei bestimmt werden. Der Begriff „Sicherheitspolizei" ist zu enge; der Gegenstand des polizeilichen Thuns ist die für den Bestand des Staats und das Gedeihen staat-

---

buch des öffentlichen Rechts der Gegenwart, 1883 ff.) sagt: Die Behörden und öffentlichen Diener, welche ihre Aufgabe, für die Gesammtheit oder eine unbestimmte Anzahl von Einzelnen durch Schutz gegen Gefahren für das Leben, die Gesundheit und die Freiheit und durch die Beförderung ihres körperlichen, wirthschaftlichen und geistigen Wohles thätig zu sein, durch das Mittel der Beschränkung der persönlichen Freiheit des Einzelnen und nöthigenfalls in der Form des Zwanges erfüllen, sind Polizeibehörden.

licher und privater Thätigkeit unentbehrliche öffentliche bürgerliche Ordnung. Oeffentliche Sicherheit und öffentliche Sittlichkeit werden von ihr mit umfaßt.

Als Wesen der Polizei haben wir also gefunden: **Hemmung der Störungen öffentlicher bürgerlicher Ordnung.** Zu dieser Ordnung rechnen wir, wie schon erwähnt ward, nicht den Stand der inneren Ordnung im Bereiche anderer Verwaltungszweige, soweit diesen selbst die Sorge für diese Ordnung, welche keine öffentliche bürgerliche Ordnung ist, obliegt. Auch Hülfsleistungen der Polizeiverwaltung, zu solchen Ordnungszwecken gewährt, ändern daran nichts. Zur öffentlichen bürgerlichen Ordnung gehört vielmehr alles das, worauf sich gründet:

das in der Oeffentlichkeit zur Erscheinung kommende friedliche und geregelte Zusammen- und Nebeneinanderwohnen und Verkehren der Staatsbürger und der im Staatsgebiete verweilenden Fremden,

also auch ihre und des Staats Sicherung gegen gefährliche oder störende Naturkräfte (Feuer, Wasser, Witterung, Seuchen rc.), sowie gegen die durch das Gesetz verpönten menschlichen Handlungen und Unterlassungen,

und die Bewahrung vor solchen nicht mit Strafe bedrohten Handlungen und ihren Folgen, welche durch ihr Sichtbarwerden in der Oeffentlichkeit Anstoß und Aergerniß geben.

Aehnlich erklärt Zimmermann, gegen den Mohl sich wendet, ohne etwas Besseres zu geben.

5. Wider den hemmenden Charakter des polizeilichen Thuns, im Gegensatze zu dem ihm fremden pflegenden (fördernden, erhaltenden) Wirken anderer Verwaltungsthätigkeiten, kann der Einwand erhoben werden, daß die Polizei ebenfalls pflege, fördere und erhalte, nämlich die öffentliche bürgerliche Ordnung. Ein solcher Einwand würde jedoch nicht belangreich sein. Denn die Hemmung (Bekämpfung) ist das Bezeichnende

der Polizei und dem gegenüber kommt es nicht in Betracht, daß sie die Folgezustände ihres Thuns durch dessen Fortsetzung pflegt, fördert und erhält. In der Hemmung einer Kraft wird regelmäßig eine andere gepflegt und gestärkt. Das polizeiliche Thun ist „die Ermöglichung der positiven Pflege des Gemeinwohls" (Grotefend); das berechtigt nicht, die Polizei eine Pflegerin des Gemeinwohls zu nennen. Schützende Abwehr und fördernde Obhut sind verschieden, wenn auch von jeder etwas in der anderen steckt.

Das polizeiliche Thun tritt, neben dem auf Information gerichteten, also vorbereitenden Bemühen (f. w. u.), vornehmlich in die Erscheinung als bekämpfende, also feindliche Kraft, und eben dadurch unterscheidet es sich (abgesehen von der Sorge für den Stand der Ordnung im eigenen Geschäftsbereiche) von anderer Verwaltungsthätigkeit. Aber es nöthigt der Umstand, daß auch die Justiz, indem sie straft, wenn der gemeine Friede gebrochen und gegen bestehende Ordnung gefrevelt wird, die Störung der öffentlichen bürgerlichen Ordnung bekämpft, für das polizeiliche Thun nach weiteren besonderen Merkmalen zu suchen. In der Verwaltung der französischen Polizei kannte man schon in der ersten Hälfte des vorigen Jahrhunderts als charakteristische Thätigkeiten: Beobachtung, Vorbeugung, Repression und Entdeckung; wir sagten oben, daß Zimmermann diese charakteristischen Thätigkeiten zuerst in die deutsche Polizeilehre aufgenommen hat; er zeigt in meisterhafter Weise, daß und wie heranziehende Störungen vor dem Eintritt ihres Erfolgs durch bestimmte Maßregeln gehemmt, eingetretene Störungen durch sofortiges, meistens formloses Thun beseitigt, strafbare Handlungen erforscht werden, um die Bestrafung herbeizuführen. Vorbeugend wird auf das Uebel theils direct eingewirkt (Gebot, Verbot, Warnung, Einsperrung, Polizeiaufsicht ꝛc.), theils mittelbar durch Druck auf Hülfen und Gelegenheiten (Laster,

Ansteckung, Verkauf von feuergefährlichen Stoffen, Giften ꝛc.); Handlungen, welche öffentliches Aergerniß oder Anstoß geben oder den gleichmäßigen Fortgang der bürgerlichen Bewegung in der Oeffentlichkeit verletzen, werden, auch wenn sie nicht mit Strafe bedroht sind, ohne Weiteres und auf der Stelle unterbrochen, und ihre Urheber werden bei Seite geschoben; gefährdende oder auch nur störende Wirkung von Naturkräften (Wasser, Feuer, Witterung) wird bekämpft, und ihre Folgen werden weggeräumt; der Thatbestand strafbarer Handlungen wird ermittelt, der Thäter ausfindig gemacht und dem Gerichte zugeführt oder angezeigt[1]). Zimmermann (und nach ihm besonders Schäffle) zählt, entsprechend dem französischen Vorbilde, zu den charakteristischen Thätigkeiten auch die Beobachtung der den Ordnungszustand berührenden Verhältnisse und Vorgänge (police d'observation). Aber die Beobachtung (Wachsamkeit) dient doch nur den Zwecken der Information und ist also ein vorbereitendes, mehr oder weniger jedem Verwaltungszweige immanentes, die eigentliche Wirksamkeit förderndes, unter Umständen erst ermöglichendes Thun; da sie sich nicht hemmend äußert, so fehlt ihr überdies das unterscheidende Merkmal polizeilichen Thuns. — Unrichtig wäre jedoch die Annahme, die drei polizeilichen Thätigkeiten müßten immer scharf begrenzt und jede für sich allein in die Erscheinung treten. Die beseitigende Thätigkeit (Repression) ist in ihrem Erfolge meistens gleichzeitig vorbeugend; umgekehrt tritt, wenn vorgebeugt wird, in Verbindung damit nicht selten die Beseitigung einer schon vorhandenen Gefahr ein und der Er-

---

[1]) Es kann auf den ersten Blick vielleicht ungewiß erscheinen, ob das erforschende Thun der Polizei eine Hemmung genannt werden dürfe. Zweifellos ist sie Bekämpfung eines Ordnungsübels, genauer des Urhebers einer Ordnungsstörung. Jede Kraft wird von einer anderen Kraft entweder gefördert oder begrenzt, also gehemmt. Bekämpfung ist feindliche Hemmung.

folg erforschender Thätigkeit wirkt oft vorbeugend. Mit der Erforschung ist, dem Zwecke entsprechend, ein anderes Thun verbunden, die Anzeige (Denunciation). Für die Theorie, insbesondere auch für die Begriffsbestimmung der Polizei, ist die Lehre von den charakteristischen Thätigkeiten von erheblicher Bedeutung, in der Praxis dagegen wird es meistens gleichgültig sein, ob man im gegebenen Falle darüber klar sei, welche dieser Thätigkeiten, allein oder vereinigt, in Anwendung komme.

6. Daß der Zwang ein unterscheidendes Merkmal der Polizei sei, vermögen wir, ungeachtet des Gewichts der oben genannten Autoritäten, nicht anzuerkennen. Lorenz Stein, ein bedeutender, geistvoller und anregender, in staatswissenschaftlichen und socialpolitischen Dingen mehrfach grundlegender Gelehrter und, wie oben schon gesagt ward, der entschiedenste unter den neueren Vertretern der Zwangstheorie, weil er überall Polizei sieht, wo Zwang ist, muß selbst zugeben, daß die zwingende Gewalt „als selbständiges Moment der Vollziehung den ganzen Staat und sein Leben durchdringt." Sie ist folglich der Polizeiverwaltung nicht ausschließlich eigen, wir finden sie in jedem Verwaltungszweige. Will man also eine Zwangspolizei, so muß man auch eine Zwangsjustiz sich gefallen lassen. Mohl (Präventivjustiz, 3. Aufl. S. 43) ruft denn auch, wider Stein sich richtend, aus: „Wie ist es möglich, im ganzen Umfange des Staatsorganismus die unmittelbare Unterordnung des Bürgers unter das Gesetz in einem bestimmten Falle als eine Handlung der Polizeigewalt zu bezeichnen! Ein Richterspruch soll eine polizeiliche Handlung sein! Eine Steuererhebung, die Zahlung eines Staatsschuldenzinses!" Daß die Polizeiverwaltung keinen Widerstand gegen ihr Thun leidet, daß sie dem Widerstande mit Zwang begegnet, ist richtig, aber dasselbe gilt fast ausnahmslos von jedem staatlichen Thun. Findet das polizeiliche Thun keinen Widerstand, so kommt es nicht zur Zwangsanwendung; allerdings steht der

Zwang im Hintergrunde. Und Schäffle sagt sehr richtig: „Man darf nicht vergessen, daß auch die scheinbar ‚freie Hülfe‘ (Lotz) der inneren Verwaltung auf dem festen Grunde der öffentlichen Gewalt geankert ist." Dazu kommt, daß in den Begriffsbestimmungen, welche die Anhänger der Zwangstheorie geben, die gefährdenden Naturkräfte entweder gar nicht berücksichtigt sind oder nur vermöge einer Auslegung, welche man gezwungen nennen muß.

7. Besondere Schwierigkeiten hat bei Bestimmung des Begriffs der Polizei ihr Verhältniß zur Strafrechtspflege gemacht, weil das Ermittelungsverfahren — im heutigen Deutschen Reiche ist der Name „Vorverfahren" gebräuchlich geworden — theils den Polizeibehörden, theils den Justizbehörden obliegt. Man sah sich damit und sieht sich noch jetzt vor die Frage gestellt, ist dies Verfahren Polizei oder Strafrechtspflege, oder beides? Zimmermann nennt die Polizei ein Behördeninstitut, welches neben der Justiz mit den charakteristischen polizeilichen Thätigkeiten für Erhaltung der bürgerlichen Ordnung sorgt. Nach den zu seiner Zeit in gewissen Staaten, namentlich in Frankreich, geltenden Zuständigkeitsvorschriften für Polizei- und Justizverwaltung gelangt er dahin, zu bestimmen, was Polizei-, was Justizsache ist im erforschenden Thun. Andere meinen, weil der Schwerpunct im Vorverfahren bei den Justizbehörden liege, sei dies Verfahren ein justitielles, die Polizeiverwaltung habe der Justiz nur Hülfe und Dienst zu leisten. Dagegen kann man einwenden, daß die Aufsuchung und Herstellung der Bedingungen für die Aufstellung und Durchführung des strafrechtlichen Beweises nicht zum Strafprocesse gehören, der sich aus Anklage, Beweisführung, Urtheilsschöpfung und Urtheilsvollstreckung zusammensetzt, und daß die Polizeibehörde ein großes und selbständiges Interesse an dem Gelingen der Erforschung von Strafthaten hat.

Wir haben oben diese Erforschung eine charakteristische **polizeiliche Thätigkeit** genannt; sie ist eine **ausschließlich polizeiliche**, wenn sie auch zum größeren Theile von Organen der Justizverwaltung geleitet und ausgeübt wird. Damit kommen wir in Widerspruch mit Zimmermann, der freilich zuweilen den polizeilichen Charakter der justitiellen Erforschung andeutet; Stein und Schäffle unterscheiden schärfer vom Standpuncte technisch-zweckmäßiger Arbeitstheilung in der Verwaltung.

Im Deutschen Reiche ist es gesetzliche Verpflichtung (Strafproceßordnung § 161) der Polizeibehörden, strafbare Handlungen zu erforschen und alle keinen Aufschub gestattenden Anordnungen zu treffen, um die Verdunkelung der Sache zu verhüten. Die Polizeibehörde, nicht auch das Gericht oder die Staatsanwaltschaft, noch sonst Jemand, ist verantwortlich für den Zustand der öffentlichen Sicherheit und Zucht in ihrem Bezirke, sie muß also den dringenden Wunsch hegen und eifrigst bemüht sein, daß das, was Jemand gegen das Recht verübt hat, bestraft wird; sie erblickt eine Gefährdung darin, daß der Thäter unentdeckt bleibt und frei ausgeht. Die Sicherung der Bestrafung ist eine wesentliche Bedingung der öffentlichen Ordnung, schon weil die Wahrscheinlichkeit der Entdeckung und Habhaftwerdung des Thäters einen starken psychologischen Zwang ausübt und die erfolgreichste Abschreckung ist. Deshalb muß (nach Zimmermann) „Entdeckung die Regel, das Gegentheil eine seltene Ausnahme sein. Wo sich die Verfolgung der Missethaten unfähig, schwerfällig, ohnmächtig erweist, ist die bürgerliche Gesellschaft schwer bedroht," ein Gebiet also unsicher geworden, für dessen Sicherheit die Polizeibehörde, und zwar sie allein, einzustehen hat. Und eine andere Autorität, Schwarze (Die Freiheitsstrafe, 1880, S. 11), sagt: „In dem Thäter wirkt die Furcht vor der Polizei mächtiger als die Furcht vor dem Strafgerichte. Eine entschiedene, wachsame und in ihrer Wirksamkeit nicht zu sehr beschränkte Polizei, die den Beweis liefert, daß sie in der Entdeckung des Thäters geschickt und erfolgreich operirt, verhindert mehr Verbrechen, als alle Abschreckung durch Strafe."

Das auf ihrer Verantwortlichkeit und gesetzlicher Verpflichtung sich gründende Recht der Polizeibehörden zur Erforschung strafbarer Handlungen erfährt im Deutschen Reiche durch das Gesetz erhebliche Einschränkung: sie haben die aus ihrer Initiative hervorgegangenen Verhandlungen ohne Verzug an die ihnen coordinirten Justizbehörden abzugeben, welchen neben ihnen die Erforschung strafbarer Handlungen obliegt. Sie haben auch deren Hülfsanträgen zu entsprechen.

Bestimmte Beamte der Polizeibehörden sind der Staatsanwaltschaft als Hülfsbeamte zugewiesen. Auch sie verfahren theils aus eigener Initiative unter der Verpflichtung sofortiger Abgabe ihrer Verhandlungen an die Justizbehörde, theils auf Anweisung oder Ersuchen der Staatsanwaltschaft, theils nach den Hülfsanträgen, welche die im Erforschungsverfahren thätigen Richter an sie ergehen lassen.

Leiter der Erforschung werden mit dem Beginn ihrer Theilnahme an derselben die justitiellen Organe. Das entspricht, wie wir sehen werden, der Zweckmäßigkeit und rechtsstaatlichen Maximen.

Man unterscheidet nach Maßgabe der Gesetzgebung des Deutschen Reichs zwei Stadien des Erforschungsverfahrens (Vorverfahren genannt): das Vorbereitungsverfahren und die Voruntersuchung. Der in beiden Stadien verfolgte Zweck ist derselbe. Das Vorbereitungsverfahren ist von der Staatsanwaltschaft abhängig, obwohl in demselben auch einzelne richterliche Untersuchungshandlungen vorkommen können; die Voruntersuchung liegt in den Händen des Richters (Untersuchungsrichters). Sie ist vom Gesetze theils für zulässig, theils für nothwendig, theils für unzulässig erklärt. Die Staatsanwaltschaft hat in den betreffenden Fällen ihre Ein=

leitung zu beantragen; der Antrag ist als Erhebung der öffentlichen Klage anzusehen. Nicht nur die Voruntersuchung, sondern auch das Vorbereitungsverfahren kann fehlen, wenn sein Zweck, die Entscheidung darüber, ob eine strafbare Handlung begangen und in Folge dessen die öffentliche Klage zu erheben ist, ohne dasselbe erreicht ist.

Schon weil, von einigen hier nicht weiter in Betracht kommenden Ausnahmen abgesehen, die Erhebung der öffentlichen Klage durch die Staatsanwaltschaft erfolgt und ihr deren Vertretung obliegt, ist es erforderlich, daß bei dieser der Schwerpunct des Verfahrens sich befindet, von dessen Ergebnisse die Zulässigkeit oder Unzulässigkeit der öffentlichen Klage abhängt, und daß im Gesetze ihr eine, wenn auch nicht erhebliche Einwirkung auf das Verfahren eingeräumt ist, welches der Herstellung und Uebergabe der Anklageschrift unter Umständen voraufgeht, die Voruntersuchung.

Dazu kommt, daß der Staatsanwalt in gleichem, unter Umständen in noch höherem Grade geeignet sein kann, die angestrebten Erfolge im Erforschungsverfahren durch seine Leitung und Betheiligung herbeizuführen, als ein Beamter der Polizeibehörde. Der Nutzen und die Unentbehrlichkeit der polizeilichen Behörden und Beamten im Erforschungsverfahren wird dadurch aber nicht in Frage gestellt. Denn eine gute Polizeibehörde sorgt vermöge ihrer Verantwortlichkeit für den Sicherheitszustand, unabhängig von der Justizbehörde und ohne deren wesentliche Beihülfe, unausgesetzt für ausreichende Information ihrer Beamten, deren wahrnehmende und vorbeugende Thätigkeit das beste und reichste Hülfsmaterial für die Erforschung liefert. Die unausgesetzte berufsmäßige Uebung im Wahrnehmen und Vorbeugen erzieht oft Meister in der Entdeckung, bei denen Mißerfolge zu den Seltenheiten gehören. Auch ist das Interesse der Polizeibehörden im erforschenden Thun vielfach ein solidarisches; die wechselseitige dienstfreund=

liche Hülfsleistung ist ein hübscher Zug in der Polizeiverwaltung, eine Folge der Erfahrung, daß Gefährdung des Sicherheitsstandes in einem Bezirke oft in weiteren Kreisen sich fühlbar macht. Genug, man kann nicht bezweifeln, daß Tüchtigkeit und Umsicht der Polizeibehörden und ihrer wachsamen, schlagfertigen, orts- und personenkundigen Mannschaft für das Ergebniß der Strafrechtspflege von schwerwiegender Bedeutung sind; „die rasche und entschiedene Verfolgung der Spuren der That und des Thäters ist der Schrecken der Verbrecherwelt," sagt Schwarze (a. a. O.), sie ist der Justizverwaltung in vielen Fällen nicht möglich ohne Mitwirkung der Behörden und Beamten des Polizei- und Sicherheitsdienstes.

Es entspricht dessen ungeachtet, wie wir sahen, der Zweckmäßigkeit, den Justizorganen die Leitung des erforschenden Thuns, den Polizeibehörden die Hülfsleistung zuzuweisen. Ein weiterer schwerwiegender Grund ist darin zu finden, daß die rechtsstaatliche Anschauung den einer Strafthat Beschuldigten mit möglichst vielen Schutzmitteln zu umgeben sucht und in dieser Hinsicht stärkere Garantien verlangt, als die Polizeibehörden bei ihrem lebhaften und durchaus gerechtfertigten Interesse an Entdeckung der Verbrecher und vermöge ihrer sonstigen, vielfach formlosen und von Zweckmäßigkeitsgründen geleiteten Wirksamkeit und einer bei ihren Beamten leicht sich bildenden bedenklichen Anschauungsweise und Ueblichkeit sie in dem die Anklage, die Beweisführung und die Urtheilsfindung vorbereitenden Verfahren zu bieten vermögen. Diese Garantien sind zu suchen, wo eine Verantwortlichkeit für den Sicherheitszustand im Bezirke nicht besteht, wo Interesse und berufsmäßige Aufgabe darauf beschränkt sind, des Rechts zu walten, und man gewöhnt ist an strenge processualische Form, also bei den Justizbehörden, bei den unabhängigen Richtern und der Staatsanwaltschaft, insofern die letztere, wie im deutschen Straf-

proceſſe, nicht bloß Anklagepartei iſt, ſondern auch das recht=
liche Intereſſe des Angeklagten zu wahren hat.

An der polizeilichen Natur des Erforſchungsverfahrens
wird dadurch nichts geändert. Man darf die den eigentlichen
Strafproceß vorbereitende Thätigkeit nicht deshalb eine
juſtitielle Function nennen, weil ſie von Organen der Juſtiz=
verwaltung geleitet und — gleichviel ob zum größeren oder
geringeren Theile — geübt wird, oder weil die dafür maßgebenden
Beſtimmungen in ein Geſetz aufgenommen ſind, welches den
Strafproceß ordnet. Mit gleichem Rechte würde man mancherlei
zweifellos gerichtliche Geſchäfte, welche aus Zweckmäßigkeits=
gründen den Polizeibehörden zugewieſen ſind, Polizeiſache nennen
dürfen, was zwar im täglichen Leben oft geſchieht, aber ihrer
Natur völlig widerſpricht. Hier wie ſonſt vielfach in der Ver=
waltung hat Rückſicht auf das praktiſche Bedürfniß den Aus=
ſchlag gegeben bei Vertheilung der Geſchäfte: die Juſtizbehörden
verwalten Polizei, indem ſie im Vorverfahren der Erforſchung
von Strafthaten obliegen; die Polizeibehörde treibt Rechtspflege
in Ausführung ihr zugewieſener juſtitieller Geſchäfte. Behörden
der Gewerbeverwaltung nehmen das polizeiliche Intereſſe wahr,
indem ſie bei Anträgen auf Zulaſſung prüfen, ob die Vor=
bedingungen erfüllt ſind, welche das Geſetz aufſtellt, um die
öffentliche bürgerliche Ordnung zu ſchützen gegen Störung durch
den Betrieb gewiſſer Gewerbe an ſich oder die Perſönlichkeit,
welche den Betrieb ausübt; die Verwaltungsſtellen der Deten=
tionsanſtalten ertheilen ihren Häuslingen bei der Entlaſſung
polizeiliche Reiſelegitimationen und betheiligen ſich an Voll=
ſtreckung von Maßregeln, welche zum Beſten der öffentlichen
Ordnung gegen dieſe Perſonen durch die Polizeibehörde ver=
hängt werden (Ausweiſung, Einleitung der Polizeiaufſicht);
Beamten der Eiſenbahngeſellſchaften pflegt die Regierungs=
gewalt die Handhabung der Polizei für Bahnbetrieb und Bahn=
gebiet zu übertragen, und derartiges mehr. Dafür, daß die

Polizeibehörden mancherlei Geschäfte anderer Verwaltungszweige zu besorgen pflegen, wollen wir unten einige Beispiele geben.

Auf Grund unserer Darlegungen kommen wir zu der folgenden Begriffsbestimmung:

Polizei ist ein Thun, bestehend in der nach Maßgabe von Recht und Gesetz mittelst Vorbeugung, Beseitigung und Erforschung geübten Hemmung (Bekämpfung) natürlicher und persönlicher Kräfte in deren Bestreben nach Ausdehnung und Geltung, insoweit durch dies Bestreben die öffentliche bürgerliche Ordnung bedroht oder gestört wird.

Als Polizeiwissenschaft pflegt man die systematische Darlegung und Entwickelung der polizeilichen Erkenntnisse, Erfahrungen und Grundsätze zu bezeichnen. Von anderer Seite wird behauptet, eine Polizeiwissenschaft sei überhaupt nicht möglich, weil man das polizeiliche Thun nur Methode, Technik, Kunst nennen könne. Aus gleichem Grunde bestreitet man die „Kriegswissenschaft".

Unter Polizeirecht versteht man theils die Gesammtheit der gesetzlichen Vorschriften, welche das polizeiliche Thun bestimmen, theils nur die gesetzlichen Normen für Begrenzung der Polizei gegenüber der individuellen Freiheit und Selbständigkeit.

Polizeiverwaltung ist die Verwaltung in Ausübung des polizeilichen Thuns. Polizei wird verwaltet von den Behörden, welche im Bereiche der innern Verwaltung Träger des staatlichen Zwangsrechts sind (Ministerien, Landes-, Kreis-, Ortspolizeibehörden), von gewissen Organen der Justizverwaltung und kraft Ermächtigung oder Auftrags der Regierungsgewalt von sonstigen Behörden und von Körperschaften. Gemeinhin versteht man unter Polizeibehörde die Obrigkeit. Dies Wort entspricht nicht der rechtsstaatlichen Doctrin; eine bessere Bezeichnung, als die oben gegebene, finden wir nicht.

Uebrigens zieht die Polizeiverwaltung **Hülfskräfte** herbei, um ihre vielseitige Aufgabe zu erledigen. Dazu gehören zwecks handfester That die Gendarmerie (welcher jedoch auch zur Beschaffung von Informationen, als Hülfsbeamtenschaft im erforschenden Thun ꝛc. eine sehr belangreiche Mitwirkung zufällt) und das Militär, zur Begutachtung und Controle Aerzte, Chemiker, Techniker u. s. w. Auch aus dem Publicum wird ihr, gefordert oder freiwillig, Hülfe; in der beseitigenden Thätigkeit hat sie während der letzten Jahrzehnte an manchen Orten werthvolle Unterstützung gefunden in den freiwilligen Feuerwehren; zwecks Abwendung oder Minderung von Seuchengefahr können Commissionen, gebildet aus verständigen Bürgern, erheblich beitragen zur Aufdeckung und Beseitigung gesundheitsschädlicher örtlicher Zustände, und wenn es sich um die Erforschung gewisser, die allgemeine Entrüstung hervorrufender Missethaten handelt, kommt in neuerer Zeit auch in Deutschland mehr und mehr die Bürgerpflicht zum Bewußtsein, der Polizeiverwaltung Beistand zu leisten.

Gleichwie andere Verwaltungen polizeiliche Geschäfte besorgen, so liegen den Polizeibehörden in der Regel Verrichtungen ob, welche dem eigentlichen polizeilichen Thun fremd sind. Es ward schon erwähnt, daß die Begriffsbestimmung der Polizei dadurch oft beeinflußt worden ist. Bekanntlich steht die Polizeiverwaltung, namentlich in kleinen Orten und Mittelstädten, fast immer mit anderen Verwaltungszweigen in Personalunion; sie ist ein Theil der allgemeinen Orts- und Bezirksverwaltung. Deshalb und wegen ihrer Organisation und unausgesetzten Berührung mit Thun und Treiben der Menschen in der Oeffentlichkeit, also aus Zweckmäßigkeitsgründen, eignet sie sich zu manchem Thun, welches weder das Gebiet der öffentlichen bürgerlichen Ordnung berührt, noch einen hemmenden Charakter hat. Es dient zu einer klaren Begrenzung des eigentlichen Polizeigebiets, sich die Thätigkeiten zu vergegenwärtigen, welche polizeiverwaltenden Organen häufig obliegen, obwohl sie pflegender, fördernder, heilender, schlichtender, strafender Natur, also nicht Polizei sind. Dazu gehören: justitielle Geschäfte der Polizeibehörden (also ihr Strafverfahren bei gewissen Uebertretungen — ein übertragenes Recht, welches aus hier nicht zu erörternden Gründen die polizeiliche Autorität gefährdet, statt, wie es beabsichtigt gewesen ist, zu stärken —, die Untersuchung und Entscheidung von Streitigkeiten zwischen Dienstherrschaft und Gesinde, die Behandlung von Fundangelegenheiten ꝛc.), weiter die Hülfsleistungen in der Armenpflege, in Heimathsachen, in der Verwaltung des Gewerbe-, Handels- und Verkehrswesens, civile Geschäfte im Interesse des Heers (Vorbereitungen und Controlen im Ersatzwesen, Einquartierung, Verpflegung ꝛc.), Unterstützung der Kirche und Schule in Ausübung ihrer Disciplinargewalt und der wirthschaftlichen Verwaltung in Veranlagung und Erhebung von Abgaben, Volkszählung und andere statistische Erhebungen, die Sorge für Pflege und Heilung kranker Menschen und Hausthiere, soweit es sich nicht um Epidemien handelt, die Pflege gemeinblicher Interessen, die Verwaltung der Zwangsarbeitsanstalten, welchen die Polizeibehörde im präventiven Thun arbeitsscheue und andere lasterhafte Personen zur Besserung überweist, die Einrichtungen, welche zur Annehmlichkeit und Belustigung der Gemeinschaft dienen, endlich die Erledigung der zahlreichen Ersuchen, welche andere Verwaltungszweige für ihre Zwecke an die Polizeiverwaltung zu richten pflegen, weil diese mit staatlichem Zwangsrechte ausgestattet ist. Der Nutzen derartiger Mitwirkung der Polizeiverwaltung in anderen Zweigen des öffentlichen Dienstes ist nicht gering zu veranschlagen. Den letzteren kommt die Orts- und Personenkenntniß der Polizeibehörde zu gute, und diese im Polizeidienste unentbehrliche Kenntniß erfährt wiederum eine stete Bereicherung durch die erwähnte Erweiterung des Thätigkeitsbereichs der Polizeibehörde.

Auch gewisse Schroffheiten und Einseitigkeiten der Polizeimannschaft, wie sie sich bei ausschließlich polizeilichem Thun im Verkehr mit dem Publicum leicht ausbilden, werden dadurch, wenn nicht immer verhindert, so doch gemildert.

Zur Erläuterung unserer Definition bedarf es noch einiger Worte:

Polizei ist, wie wir sahen, Hemmung von Störungen der öffentlichen bürgerlichen Ordnung mittelst Vorbeugung, Beseitigung und Erforschung. Zuweilen wird die Polizeiverwaltung getadelt, wenn gewisse ethische und culturelle Zwecke nicht erreicht worden sind. An der Lösung derartiger Aufgaben, an der Heilung von Schäden, ist sie jedoch direct überhaupt nicht, zuweilen aber insoweit betheiligt, als sie innerhalb ihrer Zuständigkeit äußeren Hindernissen vorbeugend oder beseitigend entgegentritt, welche sich den mit Zwangsbefugnissen nicht ausgestatteten sittlichen Mächten in Staat und Gesellschaft in den Weg stellen. Ungerecht ist es also, sie verantwortlich zu machen für die in der Sinnesart der Menschen wurzelnden sittlichen und socialen Gebrechen und Schäden; diese würden durch Berührung mit der an Kämpfe und hartes Zugreifen gewöhnten polizeilichen Hand sich nur verschlimmern. In der That hat die Polizei mit solchen Uebeln, so lange diese die öffentliche bürgerliche Ordnung nicht unmittelbar bedrohen oder stören, nichts zu schaffen. Das entspricht der rechtsstaatlichen Doctrin: der Staat ist nicht die Verwirklichung der sittlichen Idee, seine polizeiliche und strafende Thätigkeit ist ein Mittel zum Schutz der socialen Ordnung gegen thatsächliche Unsittlichkeit, aber nicht bestimmt, die sittlichen Motive und Kräfte zu ersetzen. Selbst Luther beschränkt die Aufgabe der „Obrigkeit" dahin, für Recht und äußeren Frieden zu sorgen.

Polizei ist Hemmung feindseliger, weil die öffentliche bürgerliche Ordnung, folglich die organische Gesammtentwickelung befehdender Kräfte, Gebrauch einer freiheitsbeschränkenden Macht, insofern in jeder Kraft das Streben liegt, über ihr Maß hinauszugehen; als feindliche Hemmung eine Bekämpfung, so doch — es muß dies, um Mißverständnissen zu begegnen, wiederholt werden — nicht immer eine Zwangsanwendung, wie Andere behaupten. Vorbeugung und Erforschung würden zuweilen ihre Ziele verfehlen, wenn sie mit Mitteln, in welchen der Zwang sich meistens äußert, dreinfahren wollten. Giebt doch auch im Kriege, der prägnantesten Erscheinung der Feindlichkeit, nicht die physische Macht allein den Ausschlag. Die polizeiliche Hemmung oder Bekämpfung umfaßt die ganze Stufenleiter von der höflichen, in Form der Bitte gekleideten Aufforderung zum Thun oder Lassen bis zur rücksichtslos zwingenden Gewaltthätigkeit, von der freundlich-ernsten an einen Verdächtigen oder Angeschuldigten gerichteten Mahnung bis zur Anwendung von drastischen Mitteln, über welche der Scharfsinn verfügt. Ist aber schon die milde Form eine Bekämpfung, so muß der Kampf der Polizei mit dem Verbrecherthume, mit revolutionären Bestrebungen und gemeingefährlicher Organisation ein Krieg genannt werden, ein unablässiger, nie endender, in täglichen, bald leichten, bald schweren Einzelactionen sich äußernder Krieg. Als solcher ist er ohne Zweifel ein schweres, aber leider unvermeidliches Uebel.

Wir wollen auf den Kriegszustand, in welchem die Polizei sich mit dem gefährlicheren Theile ihrer Widersacher befindet, noch kurz eingehen, weil er von Einfluß ist auf die das polizeiliche Thun bestimmenden Normen, von denen weiter unten die Rede sein wird.

Wie seine Kriege mit dem äußeren Feinde, so führt der Staat seinen Krieg gegen die Feinde im Innern, die Befehder seiner Rechtsordnung, mit dem Aufwande entsprechender Kraft, unter Anwendung der dienlichen Mittel, nach den Regeln der Kunst und Erfahrung. Betrachtet man die Sache genauer, so findet man überraschende Aehnlichkeiten der polizeilichen Wirksamkeit mit der militärischen, bei der ersteren allerdings fast nur Einzelkämpfe und, soweit sie auf Erforschung abzielt, vorwiegend Gebrauch geistiger Waffen. Die Polizei, stets auf dem Kriegsfuße und kämpfend, rüstet gleichzeitig für die folgenden Kämpfe, indem sie sich informirt, zu dem Ende Umschau hält, Posten ausstellt, Patrouillen ausschickt, daneben ihren Apparat in Ordnung erhält und verbessert. Sie sucht die Quellen, aus denen gefährliche Absicht und Handlung fließt, zu verstopfen. Sie schneidet dem Feinde Hülfe und Rückzug ab, kreuzt seine Pläne, hindert oder schwächt wenigstens seinen Angriff durch Bewegungen in Flanken und Rücken. Sie geht ihm in offenem Angriff zu Leibe, überrumpelt und wirft ihn, nimmt gefangen oder beseitigt auf andere Weise, so den Gegner wenigstens zeitweilig unschädlich machend. Vielfach gleicht die Situation einem erbitterten Guerillakampfe.

Die vorbeugende Thätigkeit (Prävention), d. h. die Anwendung bestimmter, der Polizei vom Gesetze gestatteter Maßregeln, um mit ihnen bestimmte heranziehende Ordnungsübel (oder Ursachen und Hülfen solcher Uebel) vor dem Eintritt ihres gefährdenden Erfolges thätlich und feindlich zu hemmen oder zu stören (Zimmermann, Wesen ıc. der modernen Polizei § 28), kann vielfach vom grünen Tische aus geleitet werden, und ihre Anwendung ist, soweit dabei nicht die sonstigen charakteristischen polizeilichen Functionen (Repression, Erforschung) mitspielen, wenig oder gar nicht unterschieden von dem vollziehenden Thun anderer Verwaltungen.

Die beseitigende (einhaltende, repressive) Thätigkeit, d. h. die Entfernung gegenwärtiger Belästigungen oder Störungen der öffentlichen Ordnung durch augenblickliches Anwenden physischer Kraft oder Machtgebots (Zimmermann, § 34), ist im Kleinen dem Handgemenge des Gefechts analog.

Die erforschende Thätigkeit (Entdeckung, Criminalpolizei, gerichtliche Polizei), b. h. das Thun, welches hinter geschehene Vorfälle hergeht und ermittelt, ob und unter welchen Umständen eine Strafhandlung im vorliegenden Falle begangen ward, ferner den Thäter des Vergehens ausfindig zu machen strebt, ihn vor den Richter bringt und die Beweismittel sammelt (Zimmermann, § 37), ist angewandte Tactik. Diese Tactik selbst zu schildern, würde hier zu weit führen. Sie ist so wechselvoll, wie die Substanzen der Einzelfälle und die Individualität der Uebelthäter. Es bestehen werthvolle Regeln für das Verfahren, hervorgegangen aus langjährigen Erfahrungen, aber die Hauptsache ist, wie bei der Truppenführung, das angeborene und mit Sorgfalt gepflegte Talent des Handelnden, Scharfblick, Combinationsgabe, psychologische Erfahrung, rascher Entschluß. Nützliche Lehrbücher sind mehrfach erschienen, in neuerer Zeit die von Dr. Hermann Ortloff in Weimar (Die strafbaren Handlungen nach Deutschlands Reichsrecht und Praxis, 1883) und Dr. Hans Groß in Graz (Handbuch für Untersuchungsrichter, Polizeibeamte, Gendarmen u. s. w., 1893).

Ein unentbehrliches Hülfsmittel, in vielen Fällen die Grundlage des vorbeugenden, beseitigenden und erforschenden polizeilichen Thuns, ist eine, die Information bezweckende Wirksamkeit, welche einzelnen Zweigen des militärischen Generalstabsdienstes analog ist.

Theils im Kriege, theils schon im Frieden zieht der militärische Generalstab unter Beachtung feststehender Regeln Nachrichten ein zur Beurtheilung der Beschaffenheit und militärischen Verwerthbarkeit des Kriegsschauplatzes. Die feindlichen Truppenstellungen und Bewegungen werden recognoscirt. Die kriegerischen Operationen werden vorbereitet durch vergleichende Abwägung der Heeresorganisationen, der physischen und moralischen Qualität der Truppen, der Art der Ausrüstung und der sonst zu Gebote stehenden Hülfsmittel. Selbst die Charaktereigenschaften der Heerführer, denen man muthmaßlich feindlich gegenüberstehen wird, pflegt man zu erkunden. Die erlangten Nachrichten werden gesammelt, kritisch gesichtet, geordnet, die Befehlshaber erhalten auf Grund des gewonnenen Materials Anregung, Aufklärung, Warnung, Weisung, oder man hält das Material bereit für künftige Eventualität. Mit der Recognoscirung des gegenüberstehenden Feindes wird Verschleierung der eigenen Stellung, Stärke und Bewegung verbunden.

Ganz ähnlich bei der Polizei, um ihren Kampf gegen die Friedebrecher im Innern erfolgreich zu machen. Systematisch, bei Tage wie bei Nacht en vedette, ist man bemüht, schnell und sicher Kenntniß zu erlangen von den Zuständen und Vorgängen, welche die öffentliche Ordnung verletzen, und von Kräften (Personen, Naturereignissen), von welchen Verletzung ausgeht. Hand in Hand mit „allgemeiner Wachsamkeit" gehen die im Gesetze vorgeschriebenen Controlen, Revisionen, Visitationen (bauliche und Feuerungsanlagen, Zustände, welche die öffentliche Sittlichkeit oder die Volksgesundheit beeinflussen können, Wirthshäuser, Maß und Gewicht, Pfandleiher, Trödler u. s. w.). Denn um dem vorbeugenden Zwecke zu genügen, kommt neben der schon eingetretenen Störung die drohende mit ihrer Urheberschaft hervorragend in Betracht. Man sammelt die Kennzeichen der Widersacher, der bekannten Ursachen, Hülfen und Begleiter der Störungen; dabei, auch Wahrscheinlichkeiten in Erwägung ziehend, beobachtet man die muthmaßlichen Ursachen und Hülfen, man ist gezwungen, das Auge auf Verdächtige zu richten. Wo die Polizei gut ist, werden die gemachten Wahrnehmungen (nur amtlich constatirte Thatsachen dürfen in Betracht kommen) sorgfältig und mit der nöthigen Kritik verarbeitet; eine der nächsten Anforderungen ist, das von Tag zu Tag anschwellende Material **geordnet und übersichtlich** zu erhalten. Unter den Polizeiorganen und den Justizbehörden findet ein geordneter Austausch, ein Empfangen und Weitergeben aller derjenigen Wahrnehmungen Statt, welche das Interesse eines größeren Kreises, einer Provinz, eines Landes, selbst mehrerer Länder berühren, die handfeste Mitwirkung zu bestimmtem Zwecke im Einzelfalle hervorrufen oder die Wachsamkeit hinsichtlich gewisser Vorgänge und Personen anregen sollen. Diese Mittheilungen erfolgen theils schriftlich, theils mittelst der Polizeiblätter. Letztere verrichten also eine Art Adjutanten- und Meldereiterdienst. Da in ihren Bureaux das Material aus weiten Bezirken zusammenströmt und sich anhäuft, so haben sie neben der Pflicht des sofortigen Weitergebens der Nachrichten in den dringenden Fällen die des Ansammelns, Ordnens, Bereithaltens für künftige Ereignisse. Auch sie sind genöthigt, genaue Register zu führen, und sie verbreiten wenigstens Theile dieser Register, wenn das Bedürfniß herantritt, den in Betracht kommenden Behörden Kenntniß von gesammelten Nachrichten zu geben, die Mittheilung dieser Nachrichten selbst aber durch deren Umfang oder aus anderen Gründen nicht ausführbar ist. Einige Beispiele: Große Bezirke werden plötzlich von Zigeunerbanden überschwemmt, die Feststellung der persönlichen Verhältnisse ist den Einzelbehörden unmöglich; diese sehen sich dadurch verhindert, die zur Abwehr der Landplage dienlichen Maßregeln zu treffen, die Fremdlinge dem Lande zuzuweisen, welches zur Uebernahme verpflichtet ist. Die Polizeiblätter senden also ihre Namenregister zu den ihnen vorliegenden Nachrichten über Zigeuner oder Stammtafeln verzweigter Familien; die Behörde vermag nun von diesen als vorhanden nachgewiesenen Nachrichten diejenigen einzufordern, welche dem Zwecke dienlich sein können. Oder: Anarchistische Unthaten versetzen die Welt in Unruhe und Schrecken; der Schauplatz wechselt; die Personen, welche diese Propaganda der That betreiben, sind den zahlreichen Einzelbehörden nicht bekannt; aber in den Bureaur der

Polizeiblätter oder anderer polizeilicher Centralstellen sind vielleicht aus den verschiedensten Theilen Europas amtliche Nachrichten eingegangen und gesammelt, die Behörden werden durch Mittheilung entsprechender Listen in die Lage versetzt, das Auftauchen von Anarchisten zu bemerken, die Personen zu beobachten, der Ausführung ihrer Pläne zuvorzukommen. Oder: In einer kleineren Stadt soll ein landwirthschaftliches Fest, verbunden mit Pferderennen, stattfinden. Es ist eine zahlreiche Betheiligung der jüngeren Offiziere aus den nächsten Garnisonen und der wohlhabenden Landbevölkerung zu erwarten. Das Polizeiblatt übermittelt der Ortspolizeibehörde seine Listen gewerbsmäßiger Hazard- und Falschspieler und betrügerischer „Buchmacher", so die Verhinderung gaunerischen Betriebs und sonstiges erfolgreiches Einschreiten ermöglichend oder doch erleichternd.

IV.
Gesetzliche und sittliche Norm.

Wo nun die erwähnten charakteristischen Thätigkeiten (Vorbeugung, Beseitigung und Erforschung) plan- und kunstmäßig auf Grund guter Information zur Anwendung kommen, wird die Polizeiverwaltung ihrer schweren Aufgabe sich gewachsen zeigen und Niederlagen, welche, wenn sie sich häufen, in ihren Folgen so verhängnißvoll werden können, wie die einer im Kriege mit dem Außenfeinde verlorenen Schlacht, zu den seltenen Ausnahmen zählen — ob aber auch innerhalb der Schranken, mit welchen die Moral das menschliche Thun umgiebt? Die Ansichten darüber sind getheilt.

Daß die Verwaltung als That des Staats dessen Willen auszuführen hat, ward oben gesagt. Die Polizei ist also gebunden an Recht und Gesetz, in denen der Staatswille sich äußert. Lange, bevor der Name „Rechtsstaat" gefunden war, galt der Sinnspruch: „Ordnung soll sein im Lande und in ihr Gerechtigkeit". Vorwiegend haben die gesetzlichen Vorschriften zur Regelung des polizeilichen Thuns einen verbietenden, einengenden Charakter: die Polizei bekämpft die Ausschreitung der Einzelkräfte im Interesse freiheitlicher und gedeihlicher Gesammtentwickelung; das Gesetz wiederum begrenzt die Polizei zu gleichem Zwecke, denn die freie Bewegung der Staatsgenossen soll nur so weit gehemmt werden, als für das gemeine

Beste unbedingt erforderlich ist. Im Deutschen Reiche hat ein großer und wichtiger Theil der die persönliche Freiheit schützenden und die Polizei (wir nannten oben das dem eigentlichen Strafprocesse voraufgehende Verfahren — das „Vorverfahren" — ein polizeiliches) einengenden Anordnungen seinen Platz in der Strafprocessordnung gefunden. Manche meinen, es sei mit dieser Einengung des Guten zu viel geschehen; Schwarze, auf den wir uns schon mehrfach berufen haben, sagt a. a. O. bedauernd: „alle Erfindungen der Neuzeit werden von den Verbrechern zur Vollführung ihrer Thaten, zur Verbergung und zum Vertriebe der Gegenstände des Verbrechens, zur Beförderung der Flucht benutzt, — aber die Verfolgung des Thäters wird in vielfacher Beziehung beschränkt und aufgehoben, weil man der Behörde die gleichen Mittel nicht gestattet."

Das Gesetz vermag die Verhältnisse, welche es ordnen soll, nicht erschöpfend zu bestimmen und feste Norm für alle Fälle zu geben, es kann auch der Fortentwickelung der gesellschaftlichen Dinge nicht immer auf dem Fuße folgen. So muß der pflichtmäßigen Beurtheilung der Verwaltung oft das im Einzelfalle zu beobachtende Verfahren überlassen werden. Für die Justizverwaltung besteht allerdings ein ausgebildetes Processrecht neben einem ausgebildeten materiellen Rechte; sie, die schwer und bedächtig wandelnde, kann und muß strenge gebunden sein an detaillirte Vorschrift. Die bewegliche Polizei dagegen darf nicht in bestimmte schwierige Formen eingekleidet werden, ihr muß ein Spielraum bleiben zu näherer Bestimmung und Anwendung der gesetzlichen Vorschriften. Denn gerade auf ihrem Gebiete ist man in hohem Grade abhängig von den wechselvollen, vielgestaltigen äußeren Verhältnissen des bürgerlichen Lebens, von Zeit und Ort. Sie muß manches lange Zeit hindurch sorglich vorbereiten, jedoch in jedem Augenblicke im Stande sein, sich einer veränderten Lage anzupassen. So werden ihr häufig nur allgemeine Richtung und Grenzen gewiesen; ein Beispiel dafür ist § 161 der deutschen Strafprozeßordnung. Ueberall soll sie gegenwärtig sein, beachten, vorbeugen, beseitigen, erforschen, was der öffentlichen Ordnung und Sicherheit zuwider läuft, auf der Stelle handeln, Kraft und Strenge sollen bemessen werden nach dem Umfange der Bedrohung und Gefährdung. Alles dies bedingt große Elasticität und Unabhängigkeit von detaillirten Gesetzesbestimmungen. Wie gesagt, es ist nicht ausführbar, dergleichen im Gesetze zu umfassen und zu normieren, der Polizei im Einzelnen vorzuschreiben, wie sie im gegebenen Falle etwa der Verbreitung einer Feuersbrunst begegnen, den Widerstand einer Räuberbande oder eines empörten Volkshaufens beseitigen, einen Verdächtigen zur Haft bringen, auf das Geständnis oder die Ueberführung eines Verbrechers hinwirken, daß sie so und nicht anders ihre Informationen beschaffen, vorbeugen und erforschen soll. Ebensowenig kann dem Truppenführer befohlen werden, wie und wo er Schlachten vorzubereiten und zu schlagen hat. Unsere glänzenden Erfolge in dem letzten Kriege gegen Frankreich werden zu einem nicht geringen Theile der den „Unterführern" gewährten Selbständigkeit und Selbstthätigkeit zugeschrieben. Gegentheilige Versuche bei der Polizei, wie man sie in manchen Dienstinstructionen findet, führen, abgesehen davon, daß auch solche Weisungen nothwendig lückenhaft bleiben, leicht zu einem den Erfolg gefährdenden Mechanismus, zu einsichtslosem Formalismus und bureaukratischer Geist- und Geschmacklosigkeit. Freilich, ungeschickte Hände und unklare Köpfe, die bekanntlich nicht bloß bei der Polizeiverwaltung sich finden, können viel verderben, doch gewähren dawider auch die eingehendsten Vorschriften keinen Schutz.

Wo das Gesetz schweigt, geht die Polizei also nach der Zweckmäßigkeit zu Werke. Der Zweck soll der Gerechtigkeit entsprechen; für das Maß der anzuwendenden Mittel fehlt es nicht an der Regel. Ausnahmemaßregeln zu ergreifen steht der Polizeiverwaltung nicht zu; sie hat keine Machtbefugniß, welche der Regierungsgewalt fehlt; Schranken, welche dieser gezogen sind, hat sie als für sich gezogen anzusehen. Selbstverständlich darf ihr von der Regierungsgewalt nichts, auch nur vorübergehend, verliehen werden, was dieser selbst nicht gestattet ist. Hat nun die Verwaltung (nicht bloß die Polizeiverwaltung), wie es der Fall ist, eine Function, welche von der Gesetzgebung niemals ganz erschöpft werden kann, und wird sie, wo die gesetzliche Norm fehlt, die höchste Gewalt, ist mithin der Willkür in gutem und bösem Sinne die Bahn eröffnet, so berechtigt sie das doch nicht, mit Wesen und Willen des Staats in Disharmonie zu treten. Sie, die That des Staats, soll vielmehr, wenn eine ausdrückliche Gesetzesbestimmung fehlt, die nicht zum Ausdruck gelangte Willensmeinung des Staats, den Geist der Gesetzgebung, vor Augen haben und danach verfahren.

In Folge dessen kommt es vor, daß bei der Polizeiverwaltung schon der Schutzmann sich plötzlich einer „Doctorfrage" gegenüber gestellt sieht, welche er auf der Stelle zu beantworten hat, und die selbst dann schwer zu erledigen ist, wenn man eine gründliche Kenntniß unserer zu riesigem Umfange angeschwollenen Gesetze besitzt. Erwägt man, wie gering die Zahl gelehrter und ungelehrter Personen ist, welche eines solchen unter Mühsal errungenen Besitzes sich rühmen dürfen, so wird man Mißgriffe und Irrthümer der polizeilichen Unterbeamten nachsichtiger beurtheilen, als zu geschehen pflegt[1]). Vollends wird die Lage eine mißliche, wenn die

---

[1]) „Man stelle sich nur die Thätigkeit eines Gendarmen in ihrer ganzen Schwierigkeit vor: tüchtig bepackt, ohne genügenden Schutz gegen Kälte und Hitze, in verantwortlicher Mission muß er meilenweite Wege zurücklegen; eingeengt von unzähligen Vorschriften polizeilichen und gerichtlichen Inhalts, ohne die Möglichkeit, sich mit jemandem zu berathen, soll der Mann den feinsten Tact entwickeln, unerschütterlichen Muth beweisen, nicht zu viel und nicht zu wenig thun und schließlich eine erschöpfende und richtige

Polizeiverwaltung vor der Frage steht, ob die Mittel zur Erledigung von Aufgaben, welche das Gesetz stellt, ohne die Mittel näher zu bezeichnen (z. B. die Polizeiverwaltung hat strafbare Handlungen zu „erforschen"; Strafprozeßordnung § 161), in Art und Maß der Anwendung den Geboten der Moral entsprechen, welche das Verhalten zum Mitmenschen bestimmen, heiße diese Moral nun Staatsmoral oder christliche, natürliche, gesellschaftliche Moral. Hier läßt der Wortlaut der Gesetze den Fragenden meistens im Stich.

Der Rechtsstaat hat nur Verstand und Willen, keine Gefühle und Meinungen. Er soll die irdische Gerechtigkeit und Ordnung pflegen. Auch sonstige Bedingungen des irdischen Wohlergehens seiner Angehörigen, aber nur im Gesammt-, d. h. staatlichen Interesse. Er handelt dabei nicht aus Liebe zum Volke, er hat nur Rechtspflichten, keine Liebespflichten; er kann gar nicht lieben. Es ist ihm auch, wie Robert Mohl lehrt, eine mindestens gleichgültige Voraussetzung, das jetzige Leben als einen Unterrichts- und Vorbereitungszustand für ein Leben nach dem zeitlichen Tode anzusehen. Er hat weder die Macht, noch die Aufgabe, die Menschen dem Himmelreiche zuzuführen. Das Recht ist, wie Sohm sagt, seiner Natur nach heidnisch: „Die Ordnung des Volkslebens kann nur Zwangsordnung sein; christliche Zwangsordnung und damit christliche Rechtsordnung ist ein Widerspruch in sich selbst. Gerecht ist die Gewalt, aber christlich ist sie nicht." Freilich empfängt vermöge der Sauerteigsnatur der christlichen Lehre das Recht von dieser in mannigfacher Weise die Richtung seiner Entwickelung, und je mehr die Menschheit vorschreitet, desto mehr wird, wenn auch mit Unterbrechungen, der stille Einfluß des Christenthums auf die staatliche Ordnung bemerkbar. Aber

---

Relation über das Ganze verfassen. Hat der Mann das Alles tadellos gemacht, so ist dies wirklich eine bedeutende Leistung." (Groß, Handbuch für Untersuchungsrichter, Polizeibeamte, Gendarmen u. s. w. S. 33.)

entscheidend ist im Rechtsstaate in erster Linie die Zweckmäßigkeit, wenn die nicht in sich fertigen, dem Wandel unterworfenen Rechtssatzungen und menschliche Ansichten über Moral durch den Staatswillen modificirt werden, die für den einzelnen Christen feststehende, unabänderliche, weil auf dem Worte Gottes beruhende Moral hinsichtlich ihrer Verbindlichkeit in dem Verhalten der Staatsgenossen zum Staate präcisirt wird. Unsere modernen socialen Gesetze zur Besserung der Lage des vierten Standes z. B. sind in Wirklichkeit nicht aus der christlichen Liebe hervorgegangen, die staatliche Nothwendigkeit hat dazu gedrängt. Aber sie entsprechen, wie der staatlichen Zweckmäßigkeit, so der christlichen Liebe. Und in vielen anderen Verhältnissen rechtsstaatlichen Lebens gelangt man aus Zweckmäßigkeitsgründen zu demselben Endergebnisse, wie die auf das göttliche Sittengesetz sich gründenden Theorien vom christlichen Staate.

So auch hinsichtlich des sittlichen Verhaltens der verwaltenden, den Staatswillen ausführenden Organe. Die Staatsverwaltung würde dem Spotte preisgegeben sein, wollte sie unberechenbaren, an sich vielleicht sehr löblichen sittlichen Ansichten und Gefühlen ihrer Beamten einen Einfluß auf die Gesetzeshandhabung zugestehen. Mehr noch, sie würde ihre Pflicht vergessen, da sie ohne Ansehen der Person handeln, Gerechtigkeit gegen Alle üben und mit der Achtung der Rechte Anderer das eigene Recht zum Besten der Gesammtheit behaupten und durchführen soll; von Lieblosigkeit und Liebespflicht kann dabei keine Rede sein. So legt der Staatswille (das Gesetz) denn den verwaltenden Organen nicht die Erfüllung sittlicher Pflichten auf, deren Beachtung er nicht zugleich von allen Staatsgenossen fordert, damit anerkennend, daß manche der schönsten, durch die christlichen Liebes- und Leidensgebote geforderten Tugenden, wie Großmuth, Mitleid, Barmherzigkeit, Versöhnlichkeit, Geduld, Demuth, Dankbarkeit,

Feindesliebe, Selbstlosigkeit, in Ausführung des Staatswillens nur so weit Raum finden dürfen, als die staatlichen Interessen nicht darunter leiden.

Das ist der Theorie vom Rechtsstaate gemäß, und die christliche Ethik gelangt zu gleichem Resultate. Nach ihr (vgl. besonders Martensen, Christl. Ethik, 3. Ausg. III S. 119 ff., 213, 252) ist die Religion Grund des menschlichen Lebens und Quelle der Sittlichkeit. Die Wahrung des göttlichen Sittengesetzes macht den christlichen Charakter des Staates aus. Der Staat soll also die christlich-sittlichen Ideen und Grundsätze in seinen Gesetzen und Einrichtungen ausprägen. Seine Rechtsordnung ist die Grundlage für das sittliche Leben der Gemeinschaft; auf Grund dieser Rechtsordnung, in vertheilender und ausgleichender Gerechtigkeit, soll jedem Staatsgenossen und jedem Verhältnisse gewährt werden, was ihm zukommt. Indem der Staat alle äußeren Bedingungen herbeischafft und herausarbeitet, welche für die allseitige Entwickelung menschlichen Wohles unentbehrlich sind, ist er das Reich der äußeren Gerechtigkeit. Diese Gerechtigkeit zu pflegen und zu wahren ist das Amt der Obrigkeit. Während der ideale Rechtsstaat keine „Obrigkeit" kennt, weil er in dieser Beziehung eine Vermischung des göttlichen und des staatlichen Rechts erblickt, ist der christlichen Lehre und Anschauung das obrigkeitliche Amt eine göttliche Stiftung, aber auch eine menschliche Ordnung. Die Obrigkeiten sind Träger der göttlichen Autorität auch dann, wenn sie bloß menschliches Gesetz handhaben; sie walten des Rechts im Auftrage der Gesammtheit und zugleich im göttlichen Auftrage.

Das Christenthum giebt zwar keine Normen für Organisirung der Staaten und für das Rechtsverhältniß zwischen Volk und Regierung, aber es bestimmt das Verhalten der Gläubigen innerhalb der bestehenden staatlichen Gemeinwesen, so zu sagen das „Privatverhältniß" des Einzelnen zur staatlichen Gewalt überhaupt, d. h. wir sollen der Obrigkeit unterthan sein, den Kaiser ehren, ihm geben, was des Kaisers ist, gehorchen und bereitwillig zu jedem guten Werke. Dies Alles um des Gewissens willen. Man dient in der Obrigkeit nicht einer menschlichen Erfindung, sondern Gott selbst.

Wie aber, wenn diese staatlichen Pflichten in Collision gerathen mit anderen, ebenfalls von Gott auferlegten Pflichten, namentlich mit den Liebes- und Leidensgeboten Christi? Der Christ soll den Mitmenschen nicht richten, dem Uebel, welches Andere ihm zufügen, nicht widerstreben, nach Empfang eines Backenstreiches auch die andere Backe darbieten, auch noch den Mantel lassen, wenn man ihm den Rock nehmen will, zwei Meilen mit dem gehen, welcher den Dienst für die Strecke einer Meile erzwingt, den Feind lieben, den Fluchenden segnen, dem Hassenden wohlthun, für den Beleidiger und Verfolger beten. Das gilt wie für jeden Christen, so für die Träger der obrigkeitlichen Gewalt und ihre Organe. Ob aber auch dann, wenn die vertheilende und ausgleichende Gerechtigkeit, der in der „göttlichen Stiftung" liegende Auftrag an die Obrigkeit darunter leidet? Nach christlicher Lehre gründet sich das Strafrecht des Staats „nicht auf Uebereinkunft und Sitte der Menschen, sondern darauf, daß der Staat nach Gottes Willen bestimmt ist, die Gerechtigkeit in einer äußeren Rechtsordnung und durch äußere Mittel auf Erden zu behaupten" (Martensen). Die Idee der Strafe wird in erster Linie in der göttlichen Vergeltung um der Gerechtigkeit willen gefunden, nicht in der Nothwehr, dem Abschreckungs-, Besserungs-, Präventionszwecke oder einer anderen relativen Theorie. Selbst die Kant'sche Philosophie begründet die Strafe auf das Wiedervergeltungsrecht und erkennt in der richterlichen Gewalt des Staats den Reflex einer ewigen Gerechtigkeit. Wie würde es aber mit dieser Gerechtigkeit bestellt sein, wollte man den Staat nach den christlichen Liebesgeboten regieren, das Böse mit Sanftmuth über sich ergehen lassen, die Bösen lieben, ihnen, die oft wüthenden Thieren gleichen, Bande und Ketten auflösen? Der Staat und mit ihm die Gerechtigkeit würden darüber zu Grunde gehen. Schon der bloße Versuch würde schwere Gefahren herbeiführen.

Es kann demnach nicht zweifelhaft sein, welche der collidirenden Pflichten die vornehmere ist. Ist die Obrigkeit nach christlicher Lehre eine göttliche Stiftung und Trägerin der göttlichen Autorität und zwar in all ihrem Thun, nicht bloß indem sie straft, so kommen die göttlichen Liebes- und Leidensgebote für sie nur so weit in Betracht, als diese Gebote jene Autorität nicht gefährden, die Erfüllung der Aufgabe und des Zwecks der Obrigkeit nicht zum Scheitern bringen. Ueberdies ist die Stellung der christlichen Obrigkeit zu ihren Untergebenen in vieler Beziehung mit der des Vaters zu seinen Kindern vergleichbar. Die Vaterliebe aber äußert sich nicht bloß in Langmuth, Freundlichkeit, Nachsicht; richtet und züchtigt der gerechte Vater seine Kinder, so handelt er nicht der gebotenen christlichen Liebe zuwider, sondern er übt diese Liebe.

Die Mehrzahl der neueren christlichen Ethiker unterscheidet denn auch bestimmt zwischen einem Reiche der höheren Gerechtigkeit, in welchem die evangelische Gesinnung zu herrschen hat, und einem Reiche der äußeren Gerechtigkeit, in welchem Gesetz und Schwert regieren. Man beruft sich darauf, daß Christus selbst sagte, sein Reich sei nicht von dieser Welt. Dies Reich ist ein verborgenes Reich; Christus wollte nicht die Ordnungen des weltlichen Lebens umstoßen, Gott hat sich vielmehr zu Gunsten des Menschen eines Gebietes begeben, auf welchem der Mensch Herr ist; so sagt man auf Grund der Stelle Cap. 21 V. 22 des Matthäus. „Das Evangelium hat es zunächst mit dem äußeren Leben gar nicht zu thun, sondern mit dem ewigen Leben, nicht mit äußeren Ordnungen und Veranstaltungen, welche mit den weltlichen Ordnungen in

Conflict gerathen könnten, sondern mit den Herzen und ihrem Verhältnisse zu Gott, mit dem himmlischen Leben" (Luthardt, Die Ethik Luthers, S. 76). Um die, allerdings in alles irdische Leben zu übertragende, durch den Glauben neu gewordene Gesinnung, das innere persönliche Verhalten, war es Christo zu thun. Daher soll man das persönliche und das amtliche Verhalten bestimmt von einander unterscheiden und aus einander halten. Der Christ soll sich genügen lassen an dem Schutze im Himmel, nicht strafen, noch sich rächen. Wohl aber hat er in seinem Verhältnisse als Staatsgenosse die Pflicht, beizutragen, daß die Obrigkeit im Stande sei, ihres Amts zu walten; ihr soll er Anzeige machen, bei ihr Schutz für sich und die Gemeinschaft suchen, wenn das ihm zugefügte Unrecht unmittelbar oder in seinen Folgen die staatliche Ordnung verletzt oder auch nur bedroht; er soll jedoch schweigen, wenn dies nicht der Fall ist, nur seine Person in Frage kommt. Denn — so sagt Luther — „für dich selbst bleibst du an dem Evangelio und hältst dich an Christi Wort, daß du gerne den anderen Backenstreich leidest, den Mantel und Rock fahren lässest, wenn es dich und deine Sache beträfe. So geht's denn beides fein mit einander, daß du zugleich Gottes Reich und der Welt Reich genug thuest, äußerlich und innerlich, zugleich Uebel und Unrecht leidest und doch Uebel und Unrecht strafest, zugleich dem Uebel nicht widerstehest und doch widerstehest. Der Regent aber und die Leute, welche seinen Willen ausführen, sollen zwar ihren Christenstand hoch halten und Gott gegenüber danach leben, aber in der Welt haben sie andern Stand oder Amt. Für seine Person soll man nicht tödten, aber was man von Amts wegen thut, das thut man in Gottes Namen, nicht im eigenen."

Wir müssen uns auf die vorstehenden kurzen Andeutungen beschränken. Sie haben nicht den Zweck, alle Bedenken, welche bei einer Collision der in Frage stehenden Pflichten aufkommen, zu beseitigen, eine Casuistik auf diesem Gebiete ist meistens fruchtlos, sondern nur zu zeigen, daß auch nach der christlichen Ethik in Erfüllung der Aufgaben des staatlichen Lebens der Maßstab für gutes und böses Handeln oft ein anderer ist als im Privatleben, daß die in der christlichen Nächstenliebe wurzelnden Tugenden nur in beschränktem Maße, d. h. nur insoweit bethätigt werden dürfen, als die Erfüllung der staatlichen Aufgaben dadurch nicht vereitelt oder auch nur in Frage gestellt wird.

Dasselbe gilt von denjenigen Geboten einer sogen. natürlichen und der gesellschaftlichen Moral, welche nicht zugleich durch das staatliche Gesetz für alle Staatsgenossen rechtsverbindlich geworden sind. Soweit diese vom staatlichen Gesetze nicht umfaßten Gebote nicht im christlichen Sittengesetze wurzeln, sind sie höchst unsicher und schwankend, weil gegründet auf Volkssitte, gesellschaftliche Ehrbegriffe, antike (griechische) und spätere Moralphilosophie, oft stark beeinflußt von politischen Ansichten und Ueberzeugungen sowie von der öffentlichen Meinung. Man braucht von dem, was gute Sitte, Tact, Ehrgefühl, Wohlanständigkeit, politische Ueberzeugungstreue u. s. w. verlangen, nicht deshalb gering zu denken, weil die Ansichten über ihren Werth oder Unwerth getheilt sind, aber weil derartige, oft sehr beträchtliche Schwankungen bestehen, sind sie schon im Privatleben nicht allgemein verbindlich. Die gesellschaftliche Moral, d. h. die Durchschnittsmoral der sogen. besseren Gesellschaft, z. B. ist in bedeutsamen Puncten abhängig von dem Ehrbegriffe: aber wie verschiedenartig ist dieser in den engeren Kreisen der Gesellschaft! Man könnte sagen, daß jeder dieser Kreise seine besondere Ehre, seinen eigenen Werthmesser für Denkungsart und Thun habe. Was dem Officier, dem Cavalier, dem Studenten nicht bloß erlaubt, sondern eine unverbrüchliche Pflicht erscheint, kann dem ehrsamen Bürger als Thorheit oder Sünde gelten; gibt es doch sogar eine Verbrecherehre. Außerdem sind die sogen. gute Sitte und der gesellschaftliche Tact nicht selten von der conventionellen Lüge beherrscht; alte und neuere Moralphilosophen erklären die Lüge für erlaubt, wenn sie nur nicht gemeinschädlich ist; wie manche Untugend wird in „guter Gesellschaft" gepflegt und als Tugend gepriesen! In Zeiten politischer Erregung — wir kennen kaum noch solche, die von dieser Erregung frei sind — ist die Parteimoral nur zu oft, ohne sich Scrupel zu machen, geneigt, das als gerechtfertigt anzusehen, was der Partei zum Siege verhelfen kann, sobald es nur nicht gegen die bürgerliche Gerechtigkeit läuft. Und die mit dem Anspruche auf Geltung und Folgeleistung auftretende öffentliche Meinung ist häufig genug nichts Anderes als eine in der Oeffentlichkeit zum Ausdrucke gelangende unklare Empfindung oder eine künstlich bewirkte Stimmung oder Verstimmung eines Bruchtheils des Publicums. Man kann in der That behaupten, es gibt keine allgemein gültige natürliche Moral, weil sie ihre Quelle nicht in Gott als der absolut sittlichen Persönlichkeit, sondern im eigenen sittlichen, hinsichtlich seines Werthes nicht an der Heiligkeit Gottes gemessenen Bewußtsein hat und in den Mächten und Ordnungen des natürlichen und gesellschaftlichen Lebens. Die Einhaltung dieser Ordnungen — darin stimmen die verschiedenen Formen und Richtungen derartiger Moral überein — ist deren wesentlicher Inhalt; insofern sie also die staatliche Gesetzmäßigkeit verlangen, entsprechen sie den Forderungen des doctrinären Rechtsstaats, dem das äußerliche Wohlverhalten, die justitia civilis, der Staatsgenossen genügt und genügen muß.

Auch soweit die Organe staatlicher Verwaltung in Betracht kommen. Es wäre völlig widersinnig, diesen die Pflicht aufzuerlegen, bei Ausführung des Staatswillens noch anderen, vielgestaltigen, zum Theil sich widersprechenden Normen Rechnung zu tragen, Normen, über deren Werth oder Unwerth die

Ansichten getheilt sind, die schon im Privatleben nicht allgemein verbindlich sind, für die der Einzelne oft überhaupt kein Verständniß hat, denen er sich nur unterwirft, wenn er ihnen zustimmt. Ohne Zweifel verdienen manche der als bloße „Conventionalregel" nicht auf Gottes Wort beruhenden, vom staatlichen Gesetze nicht umfaßten sittlichen Satzungen von der Verwaltung, speciell von der Polizei, insoweit respectirt zu werden, als Fälle nicht bloß denkbar sind, sondern thatsächlich oft vorliegen, deren zweckmäßige Erledigung eine Förderung erfährt durch loyale Berücksichtigung dessen, was man unter der Bezeichnung „gesellschaftliche Wohlanständigkeit" zu begreifen pflegt. Und auch hiervon abgesehen: wer möchte ohne zwingenden Grund dem zuwider handeln, was als „gute Sitte" in weiten Kreisen Geltung erlangt hat? Aber gegenüber stehen zahlreiche andere Fälle, welche ein entgegengesetztes Verfahren gebieten. Stammler in seiner interessanten und scharfsinnigen Abhandlung: Die Theorie des Anarchismus, 1894, nennt „die Masse jener Normen, die in den Weisungen von Anstand und Sitte, in den Forderungen der Etikette und den Formen des geselligen Verkehrs im engeren Sinne, in der Mode und den vielfachen äußeren Gebräuchen wie in dem Codex der ritterlichen Ehre uns entgegentreten", die Conventionalregel. „Die Conventionalregel gilt nach ihrem eigenen Sinne lediglich zufolge der Einwilligung des Unterstellten, vielleicht einer stillschweigend abgegebenen — —." „Der Grund der verbindenden Geltung der Conventionalregel ist die äußerlich zustimmende Selbstunterwerfung der Einzelnen." Die staatliche Verwaltung aber kennt kein Uebereinkommen, durch welches sie selbst und das Publicum zu gegenseitigen Indulgenzen verpflichtet wäre, wie gesellschaftliche Sitte sie voraussetzt und bedingt. Gewiß, es können und sollen, wie schon angedeutet ward, Gründe der Humanität, des Ehrgefühls, der Wohlanständigkeit zur Geltung kommen auch im polizeilichen Thun,

aber doch nur soweit sie nicht zweckwidrig, also thöricht und
unerlaubt sind; sie werden Beachtung finden können in den
glücklicherweise die überwiegende Mehrzahl bildenden Fällen,
in denen nicht Böswilligkeit und Widerstand zu besiegen sind.
Im Uebrigen aber und namentlich der Feindseligkeit des Ver=
brecherthums, den revolutionären Bestrebungen gegenüber soll
die Polizeiverwaltung nicht vergessen, daß sie das Interesse der
Gesammtheit vertritt und ebenso wenig wie das Einzelindivi=
duum auf fremde Kosten edelmüthig, großherzig, wohl=
anständig sein darf; hier wie immer ist höchste Pflicht=
erfüllung die höchste Ehre und Tugend. Ein Ver=
ständniß dafür findet man selten; hyperhumane Leute mögen
daran erinnert sein, daß die Sentimentalität gegen Uebelthäter,
wie sie zu den Zeichen unserer Zeit gehört und von der ge=
sellschaftlichen Durchschnittsmoral gepriesen und gepflegt wird,
von wahrer Menschenliebe sehr verschieden ist, daß es eine
Zuchtlosigkeit des Mitleids gibt, welche gemeinschädlich ist, daß
der Niedertracht gegenüber die wahre Humanität sich in rück=
sichtsloser Strenge zu äußern hat. Der Richter, der nicht
strafen kann, gesellt sich zum Verbrecher, sagt Goethe, und
dasselbe gilt von einer Polizei, welche sich von allerlei schönen
Gefühlen abhängig macht oder bemüht ist, es aller Welt recht
zu machen, mit Niemandem es zu verderben.

Müssen also in Ausführung des Staatswillens manche
Tugenden latent bleiben, wenn auch nicht unter allen Um=
ständen, eine, so sollte man glauben, sei jederzeit zu be=
thätigen und habe ihr Licht leuchten zu lassen: die Wahr=
haftigkeit. Denn ohne Wahrheit keine Gerechtigkeit und
Wohlfahrt. Man nennt die Lüge — wir verstehen im Fol=
genden darunter alle Formen der Unwahrheit — mit
Recht die häßlichste und gemeinschädlichste Sünde, sie ist zu=
gleich die verbreitetste und alltäglichste. Auch der Polizei bietet
sie sich als wirklich oder vermeintlich erfolgreichstes Mittel zu

wichtigen Zwecken bar und findet oft genug Anwendung; sie ist der dunkelste Punct im Polizeiwesen.

Weil in der Lüge die Untergrabung einer der Grundlagen der gesellschaftlichen Ordnung liegt — denn das sittliche Grundverhältniß, auf welchem diese Ordnung beruht, stellt Wahres und Falsches als ausschließlichen Gegensatz auf —, hat der Staat ein Recht auf Wahrheit, er fordert sie, wenn auch nicht immer unter Strafandrohung, von den Staatsgenossen, und sucht ihr Geltung zu verschaffen, indem er den Betrug und einige andere Formen der Lüge straft, Zwang anwendet, um Zeugniß zu erlangen, zur Bekräftigung der Wahrheit von Aussagen Eide schwören läßt u. s. w. Diesem staatlichen Rechte entspricht das Recht der Regierten auf Wahrhaftigkeit der Verwaltung; wer das Gemeinwohl schützen und pflegen soll, darf nichts thun, was dem Gemeinwohl zuwider ist. Das muß die Regel sein; ob Ausnahmen zulässig und sogar geboten sind, soll jetzt untersucht werden.

Die christliche Sittenlehre (vgl. Thiersch, Ueber den christl. Staat S. 208 f.) verkennt zwar nicht, daß bei pflichtmäßigem Handeln Bedrängnisse, Gefahren und Befürchtungen in den Weg treten, daß zur Verwirklichung eines an sich rechtmäßigen Zwecks mitunter der krumme Pfad unedler und unmoralischer Handlungsweise der sicherste zu sein scheint. „Jedoch Er, welcher das Sittengesetz gegeben hat, sah das Alles voraus; Seiner Allwissenheit war keine dieser Schwierigkeiten verborgen. Dennoch hat Er uns unter das Sittengesetz gestellt, und indem Er uns mit Hindernissen umringen läßt, prüft Er unsern Gehorsam" und führt, wenn wir in dieser Prüfung bestehen, Alles herrlich hinaus. Die Siege der Verfälschung der Wahrheit heißt die heilige Schrift „eine Wirkung des Satans, der der Vater aller Lüge und der Feind aller Wahrheit ist; es ist eine teuflische List und Macht, welche die Menschengeister blendet." (Beck, Christl. Reden VI, Nr. 27). Also: man darf nicht

Böses thun, nicht lügen, auf daß Gutes daraus komme. Thue du das Deine (d. h. nach Gottes Willen) in allen Sachen, das Uebrige wird Gott selber machen, ist ein altes und bewährtes Wort. Jeder Polizeimann weiß, wie oft der Zufall dem polizeilichen Thun zu Hülfe kommt. Es treten Ereignisse ein, die völlig außer Zusammenhang stehen mit den polizeilichen Bemühungen und gegen jede Berechnung sind, so daß es bei der Polizei üblich geworden ist, auf den Zufall zu hoffen, ohne die pflichtmäßige Thätigkeit zu mindern. Der gläubige Christ zwar kennt keinen „Zufall", aber einen starken und großen Gott, auf den er sich in allen, auch den schwierigsten Berufs= lagen verlassen kann; er weiß, daß wer Gott für sich hat, auch den „Zufall" auf seiner Seite hat.

Die gesellschaftliche Durchschnittsmoral ist geneigt, die Lüge zu verzeihen (man denke nur an die Zeit des „Gründungs= schwindels" und die Personen, welche an ihm unbedenklich und unbehelligt Theil nahmen), sobald die Folgen gegen die „Con= ventionalregel" und die bürgerliche Gerechtigkeit nicht verstoßen, die gesellschaftliche Ehre des engeren Kreises nicht schädigen. Die solidarische Lüge pflegt man als Ehrenpflicht zu betrachten.

Die sogen. natürliche Moral, wenigstens eine bedeutsame Richtung derselben, ist im Puncte der Wahrhaftigkeit eine Klug= heits= und Nützlichkeitsmoral. Die Aufrichtigkeit wird als eine Thorheit angesehen, bei kindlicher Naivetät würde man im Kampfe um das Dasein zu Grunde gehen; der gebildete Er= wachsene muß nothwendig zuweilen ein Lügner und Heuchler sein. So sagt man; und weiter: die Lüge ist zwar häßlich, aber wenn sie das kleinere Uebel, verdient sie den Vorzug, unerlaubt ist sie nur, wenn sie gemeinschädlich ist. Gleich dem Gifte ist sie oft eine heilsame Arzenei. Im staatlichen Leben vollends ist der Satz: salus publica suprema lex esto zwingende Norm; der Erhaltung und Wohlfahrt des Gemeinwesens ist jede andere Rücksicht, auch die Pflicht zur Wahrhaftigkeit, unter=

geordnet. Das Gute ist gleich dem wahrhaft Zweckmäßigen und Vernünftigen, dem, was ächtes und allgemeines Menschenglück schafft und bedingt. — Es sind dies Sirenenstimmen, welche das Gewissen des Volks verwirren und zum Schweigen bringen, die Volksseele verderben können. Im Princip verwirft man vielleicht noch den Satz, daß der gute Zweck den Gebrauch unreiner Mittel rechtfertige und verlange, aber nach Zeit und Umständen will man doch, daß nach diesem Satze verfahren werde; denn der Zweck heiligt die Mittel ja nicht, sie bleiben verpönt nach den Grundsätzen der Moral; wenn sie aber durchaus nothwendig sind, darf man sie unbedenklich anwenden. So meint man.

Freilich die Noth! nach einem alten Sprichworte schon „kennt sie kein Gebot." Die Ansichten der Moralisten über Zulässigkeit der Nothlüge sind bekanntlich getheilt. Große Philosophen, wie Kant und der ältere Fichte, verwerfen die Nothlüge unbedingt; angesehene Theologen erachten sie nicht nur erlaubt (z. B. Martensen, Ethik II, S. 264), sondern geboten, andere wieder behaupten, daß die Nothlüge ein „Band des Satans" ist, wie jede andere Lüge, daß es keine edle, fromme, erlaubte Lüge giebt. Auch in der Nothwehr soll man zur Lüge nicht greifen dürfen (Beck, Ethik III, S. 94), da diese gebunden bleibt an die in der göttlichen Ordnung liegenden Rechtsmittel und unter diese die Lüge in der heiligen Schrift nie eingereiht ist. Auf eine Verständigung in dieser schwierigen Frage ist nach den bisherigen Erfahrungen nicht zu rechnen; es würde fruchtlos sein, hier auf die divergirenden Ansichten näher einzugehen. Nur eine Stimme mag noch gehört werden, weil sie, wie es scheint, den rechtsstaatlichen Maximen entspricht: Schopenhauer nennt die Lehre von der Nothlüge einen elenden Flicken auf dem Kleide einer armseligen Moral, welche innerhalb bekannter Grenzen das Recht der Lüge erweist. Wir sollen nach ihm (vgl. Jürgen Bona Meyer,

Probleme der Lebensweisheit, 2. Aufl., S. 216) ein Recht zur **Lüge** haben: in allen Fällen, wo wir ein Recht zur Gewalt haben, also in der Nothwehr, es soll gleichgültig sein, ob wir dann zur Vertheidigung Gewalt oder List anwenden; ferner: gegen unbefugtes Fragen, wenn eine directe Abweisung Verdacht erwecken könnte, dies sei nur eine Vertheidigung unserer berechtigten Willenssphäre. Lügen aus Nothwehr sei kein Unrecht, sondern nur die Aufhebung eines Unrechts u. s. w.

Das **Strafrecht** giebt den Staatsgenossen ein Nothstandsrecht und erklärt die Nothwehr als berechtigt, d. h. an sich strafbare Handlungen, welche im unverschuldeten Nothstande zur Rettung aus einer gegenwärtigen Gefahr für Leib und Leben und in der Nothwehr, d. i. in der zur Abwendung eines gegenwärtigen rechtswidrigen Angriffes erforderlichen Vertheidigung begangen sind, bleiben straflos. Der Rechtsstaat, seinen Angehörigen den Schutz ihrer Rechte schuldend, seine Gewalt aus ihren Kräften ableitend, nimmt folgerichtig für sich **selbst** das Recht des Nothstandes und der Nothwehr in Anspruch. Sein Strafrecht ist z. Th. auf staatliche Nothwehr gegründet, wenigstens ist ihm die absolute Strafrechtstheorie fremd, und der Krieg gegen den äußeren Feind ist nur zu rechtfertigen, wenn man ein Nothwehrrecht des Staats annimmt. Noch mehr: für den Staat muß man einen Nothstand schon unter Verhältnissen annehmen, welche für das Einzelindividuum einen solchen im strafrechlichen Sinne noch nicht begründen. Denn er soll nicht bloß der gegenwärtigen, sondern auch der **drohenden** Gefahr begegnen und darf nicht warten, bis seine Macht oder Unabhängigkeit geschwächt ist, Interessen verletzt sind, deren Preisgebung ihn dauernd oder auch nur vorübergehend gefährdet, ihm, als dem dann schwächeren Theile, Niederlagen in Aussicht stellt.

In marcanter Weise äußert sich die staatliche Nothwehr im Vertheidigungskampfe gegen äußere Feinde. Hier aber ist die Lüge völkerrechtlich gestattet, **sobald die militärische**

Nothwendigkeit sie verlangt. Es gilt, den thatsächlichen Ueberwältigungsversuchen mit allen Kräften entgegenzutreten, nicht nur die Hand kämpft gegen die Hand, auch der Verstand gegen den Verstand. Bei Würdigung der nicht auf bloße Gewalt hinauslaufenden Mittel zur Besiegung des Feindes ist in Betracht zu ziehen, daß in der Kriegserklärung die Ankündigung ihres Gebrauchs liegt; die Kriegführenden gestehen sich gegenseitig solche Mittel zu, der Gegner ist auf sie gefaßt. Es liegt also keine Täuschung des Vertrauens vor; auch im Kriege darf nach Kriegsrecht das Vertrauen des Feindes nicht mißbraucht werden. Auch sonst noch sind im Kriege gegen äußere Feinde die staatlichen Abwehrmittel völkerrechtlich begrenzt. Als erlaubt gelten: die Aufforderung zu Handlungen, welche zwar in dem feindlichen Staate als politische Verbrechen strafbar, aber von dem Standpuncte seines politischen Gegners erlaubt sind; die Unterstützung solcher politischer Verbrecher im Feindeslande; die List und daher auch die Täuschung des Feindes, sogar die Täuschung durch Uniformen, Fahnen und Flaggen. Dieser Betrug darf jedoch nicht über die Vorbereitung zum Kampfe hinausgetrieben werden, vor dem wirklichen Zusammenstoße muß jeder Heereskörper unter seiner wahren Fahne und Flagge erscheinen und darf nur als offenbarer Feind fechten. Es ist erlaubt, den Feind über Stärke und Bewegung des Heeres zu täuschen, ihn durch scheinbare Flucht oder auf andere Weise in den Hinterhalt zu locken und dort zu überfallen. Die Verhältnisse des Feindes in heimlicher Weise zu erkunden, ist gleichfalls zulässiger Kriegsbrauch; es wird solche Spionage sogar schon im Frieden geübt zur Vorbereitung auf künftigen Krieg. Durch einzelne Offiziere, Patrouillen u. s. w. wird recognoscirt; man entsendet Spione, benutzt freiwillig zugetragene oder bei habhaft gewordenen Personen erfragte Kunde.

Unerlaubt sind dagegen, außer dem Gebrauche vergifteter

ober zwecklose Schmerzen verursachender Waffen sowie der Verbreitung von Giftstoffen und Contagien in Feindesland, namentlich die Aufreizung von feindlichen Offizieren und Soldaten zur Desertion und zum Verrath, der Bruch des Vertrauens, wie schon erwähnt ward, ferner die Anstiftung zu gemeinen Verbrechen, auch wenn dieselben der Kriegsführung nützlich sein würden. Aber es dürfen die Vortheile benutzt werden, welche sich durch die Verbrechen dritter Personen der Kriegsführung zufällig darbieten.

Ist nun der staatliche, genauer der polizeiliche Kampf gegen die inneren Feinde der staatlichen Rechtsordnung dem Kriege gegen äußere Feinde zu der Wirkung gleichzustellen, daß besonders schwierige Verhältnisse in diesem Kampfe den Gebrauch von Mitteln, welche durch das staatliche Gesetz nicht ausdrücklich verboten, aber an sich unsittlich sind, hier die Lüge, rechtfertigen und gebieten? Bisher hat in den Culturstaaten die Rechtsordnung in diesem Kampfe, der im Unterschiede von dem Kriege mit anderen Nationen ein immerwährender ist, schließlich noch stets die Oberhand behalten, daß aber bei einem dauernden und allgemeinen Unterliegen die Folgen für die staatliche Gemeinschaft noch verderblicher sein würden, als die Unterjochung durch den äußeren Feind, ist nicht zu bezweifeln. Man vergegenwärtige sich nur die Zustände, welche eintreten müßten, wenn die Polizei lahmgelegt würde, wenn die vereinzelten Niederlagen, welche sie jetzt schon erleidet, und das damit dem Einzelnen erwachsende Unheil allgemein würden. „Das Leben der heutigen Gesellschaft", sagt Gneist, „kann keinen Tag und keine Stunde ohne die Wirksamkeit der Polizei bestehen"; der Anarchie kann nur vorgebeugt werden durch das unausgesetzte Bekriegen der täglich sich erneuernden Einzelangriffe auf die Rechtsordnung, mögen diese sich als vollendete Thatsache äußern oder in der Vorbereitung begriffen sein. Daß die polizeiliche Kampfesart gegen die Friedebrecher im Innern der Tactik gegen den äußeren Feind theils gleiche, theils ähnlich sei, ward bereits oben dargelegt; daß man sich meistentheils einem Feinde gegenübergestellt sieht, dem alle Künste der Lüge dienstbar sind, ist bekannt. Er hat die sittliche Gemeinschaft aufgehoben und — man kann darüber allerdings verschiedener Meinung sein — auf die Dauer des von ihm verschuldeten Kriegszustandes sein Recht auf Wahrheit aufgegeben. Jedenfalls steht er außerhalb des Vertrauensverhältnisses.

Stimmt man nun weiter der Ansicht bei, daß für den Staat schon in der **drohenden** Gefahr ein Zustand vorhanden sein kann, zu dessen Beseitigung Mittel erlaubt sind, welche der Einzelne nur bei **gegenwärtiger** Gefahr ergreifen darf, so wird man zugeben müssen, daß der polizeiliche Kampf gegen die Befehder der staatlichen Rechtsordnung im Principe als staatliche Nothwehr aufzufassen ist. Dann aber ist die im Kriege mit dem äußeren Feinde bei vorhandener **militärischer** Nothwendigkeit in gewissen Formen nicht nur erlaubte, sondern geforderte und für lobenswerth erklärte Lüge in der polizeilichen Bekämpfung der inneren Feinde nach Maßgabe der **polizeilichen** Nothwendigkeit als rechtlich zulässig zu erachten.

Es soll anerkannt werden, daß dies nicht allein vom christlichen, sondern auch vom allgemein sittlichen Standpunkte tief beklagt werden muß. Aber jeder Krieg, auch der gerechte und siegreiche, ist nun einmal ein entsetzliches Uebel, und wer ihn führt, thut eine unselige Arbeit. So lange er nicht aus der Welt zu schaffen ist, muß man seine Folgen und Begleiterscheinungen zu tragen und nach Möglichkeit zu lindern suchen. Die Polizei kann freilich mit ihrem Gegner, dem Verbrecherthume, nicht Verträge schließen, wie sie, z. B. in der Genfer Convention, unter kriegführenden Culturstaaten bestehen, aber der Staatswille ist in der Lage, einigen verderbenbringenden Uebeln

des inneren Kriegs, namentlich der Ueberschreitung der Noth=
wehr und der zur Corruption führenden leichtfertigen und
gewohnheitsmäßigen Lüge innerhalb der Polizeiver=
waltung, vorzubeugen.

Mehr noch: ist dem Rechtsstaate das Recht des Noth=
standes und der Nothwehr zuzusprechen, so erwächst daraus
für ihn die Pflicht, seinen Organen für ihr Verhalten bei
Ausübung dieses Rechts die Norm zu geben, und die Polizei=
verwaltung darf beanspruchen, daß ihre Befugnisse im Kampfe
gegen ihre Widersacher, so weit sie ein staatliches Nothrecht
zur Grundlage haben, also zum Gebrauche unsittlicher Mittel
führen, klargestellt und scharf umgrenzt werden. Dasselbe dürfen
die Staatsgenossen zum Schutze ihrer persönlichen Freiheit ver=
langen, namentlich auch diejenigen unter ihnen, welche im
Kampfe gegen die Polizei stehen. Es ist kaum zu verstehen,
daß man in derartig schwerwiegenden, die Gewissen be=
unruhigenden, das staatsbürgerliche Interesse und die Ehre
der betreffenden Beamten in empfindlicher Weise berührenden
Fragen die Polizei fortwährend haltlos hin= und hertappen
läßt. Manches von dem, was durch das neuere Völkerrecht
für die Kriegsführung mit dem äußeren Feinde erreicht ist,
muß doch auch für die innere Verwaltung hergestellt werden
können. Das Rechtsprincip soll doch die oberste Norm des
Staatslebens sein.

Wir wiederholen: wie im Kriegsrechte die militärische
Nothwendigkeit den Ausschlag gibt, so darf im Kampfe
gegen den inneren Feind nur die polizeiliche Nothwendig=
keit, die zweifellose Unzulänglichkeit absolut guter Mittel den
Gebrauch unheiliger Mittel zulassen. Daraus folgt: das Gesetz,
der verfassungsmäßige Wille des Staatsoberhaupts und der
staatsbürgerlichen Gesellschaft, muß den Begriff des staatlichen
Nothstandes und der staatlichen Nothwehr feststellen und die
Mittel bestimmt bezeichnen, welche die Verwaltung auch in

Nothstand und Nothwehr überhaupt oder in gewissen Stadien des Verfahrens nicht anwenden darf. Zu den absolut verbotenen Mitteln würde namentlich die unter allen Umständen schmachvolle und gemeingefährliche Verleitung zu strafbaren Handlungen, die sogen. Lockspitzelei, gehören, vielleicht auch jede Verwendung geheimer Kundschafter zu bloß präventiven Zwecken (wenn es also sich nicht um Entdeckung 2c. eines bestimmten Verbrechers handelt), da aus einem Spion sehr leicht ein agent provocateur wird. Die Regierung aber hat, in Ausführung des Gesetzes, für bestimmte Strafthaten und Bestrebungen, sei es nur für gewisse Orte und Bezirke, sei es nur für beschränkte Zeitdauer, den Kriegszustand, in welchem unheilige Mittel nicht nur erlaubt, sondern Pflicht sind, förmlich und öffentlich im Verordnungswege zu erklären, damit den zu bekämpfenden Gegnern kundgebend, was sie zu erwarten haben. Solcher Gesetzgebung stehen ohne Zweifel große Schwierigkeiten entgegen. **Kann man diese nicht überwinden, so untersage man für das polizeiliche Thun jede Abweichung von der Wahrheit und halte mit aller Strenge auf die Folgeleistung.** Zu einem solchen Verbote liegt auch dann ein dringender Anlaß vor, wenn man einen Nothstand oder eine Nothwehr hinsichtlich des polizeilichen Kampfes überhaupt nicht gelten lassen will. Wie die Sache zur Zeit steht, ist es ungerecht, die Polizei für Mißgriffe und Verfehlungen auf diesem Gebiete verantwortlich zu machen. Dem Einen wird sie zu weit gehen, dem Anderen nicht weit genug. Denn der sittliche Standpunct entscheidet. Der sittlich ernste, gefestete Mann wird stets vor unheiligen Mitteln zurückschrecken, wenn er auch als gläubiger Christ (Zimmermann behauptet übrigens kühnlich, der Polizeimann dürfe nicht zu den „Frommen im Lande" gehören) dem Gesetze Folge leisten wird; wie er gehorsam in den Krieg gegen den äußeren Feind zieht, diesen täuscht und tödtet, so wird er auch auf Geheiß der Obrigkeit im Kampfe gegen die inneren Feinde lügen und trügen, denn indem er der Obrigkeit dient, dient er Gott, um des Gewissens willen gehorcht er ihr. Wer dagegen ein weites Gewissen hat, wird auch ohne ausdrückliche gesetzliche Befugniß, nach der von ihm erkannten Zweckmäßigkeit, sittlich verwerfliche Mittel anwenden. Solchen Leuten seien hier (in Anlehnung an G. Zimmermann, Deutsche Polizei, S. 395 ff.) einige Grenzlinien angedeutet, jenseits welcher von einer gerechten Nothwehr nicht mehr die Rede sein kann. Es muß ein nothwendiger, öffentlicher Zweck vorliegen; das Erreichen des erstrebten Ziels muß unumgänglich erforderlich sein; es darf kein unsittliches Mittel benutzt werden, um vielleicht den Zweck zu erreichen, das Mittel muß gewiß zum Ziele führen; es muß eine Ausnahme unter den zu brauchenden Mitteln sein und darf nur Anwendung finden bei gänzlichem Mangel absolut guter Mittel, auch nur wider die im Bunde mit der Lüge kämpfenden Feinde der Rechtsordnung; das Mittel darf in keiner Handlung bestehen, welche durch die Gesetze des Staats untersagt ist; endlich: alle Bedingungen und Voraussetzungen, unter welchen die Anwendung unheiliger Mittel zulässig ist, müssen zugleich vorhanden sein.

Wir sind zu folgenden Ergebnissen gelangt:

1. Die Polizei ist gebunden an Recht und Gesetz; schweigen diese, so hat sie nach der Zweckmäßigkeit, im Geiste der Gesetzgebung, zu verfahren.

2. In Ausführung des Staatswillens können die durch die christlichen Liebes- und Leidensgebote geforderten Tugenden nur so weit Raum finden, als die staatlichen Interessen nicht darunter leiden. Das entspricht, wie der rechtsstaatlichen Doctrin, so der christlichen Ethik.

3. Die vom staatlichen Gesetze und von den christlichen Sittengeboten nicht umfaßten Normen der sogen. natürlichen

Moral und der gesellschaftlichen Moral sind für die Polizei nicht verbindlich. Dem Polizeimanne bleibt überlassen, nach ihnen zu handeln, wenn er ihnen zustimmt und sie im Einzelfalle dem staatlichen Zwecke nicht zuwiderlaufen.

4. Da ohne Wahrheit keine Gerechtigkeit und Wohlfahrt bestehen kann, ist der Polizei die Lüge in keiner ihrer Formen gestattet. Doch begründen Nothstand und Nothwehr eine Ausnahme, sobald der Staat den Begriff des staatlichen Nothstandes und der staatlichen Nothwehr bezüglich der Polizei festgestellt hat.

―――――――

Der Gunst der Staatsgenossen wird die Polizei sich freilich auch bei Innehaltung dieser Normen nicht zu erfreuen haben. Denn auch dann können die polizeilichen Waffen nicht immer so blank gehalten werden, wie die Kritiker der Polizei — und wer übte an ihr nicht Kritik — verlangen, wenigstens in Zeiten der Ruhe und scheinbaren Gefahrlosigkeit verlangen.

Die Nothwendigkeit, sich über alle die öffentliche Ordnung bedrohenden und störenden Verhältnisse unausgesetzt zu informiren, die daraus folgende polizeiliche Beobachtung (allgemeine Wachsamkeit), auch wenn sie, wie es sein soll, in einer Weise geübt wird, welche jedem Privatmanne zusteht, also sich auf Zustände beschränkt, welche nicht verborgen sind, sondern von Jedermann, der die Augen offen hält, wahrgenommen werden können, erregt — sehr begreiflich — Mißtrauen und Unwillen; man mag und will nicht beobachtet sein, am wenigsten von dem durch Uebung geschärften polizeilichen Auge;

das polizeiliche Nachrichtenwesen (Polizeiblätter, Straflisten, schwarze Register, black books der Engländer, casiers der Franzosen), analog, wie oben dargelegt ist, dem Sammeln, Ordnen und Weitergeben in einem Zweige der militärischen Generalstabsthätigkeit und unverfänglich, wenn es ausschließlich amtlich constatirte Thatsachen ergreift;

das geheime Wirken, zu welchem die Polizeiverwaltung gleich allen anderen Verwaltungszweigen da verpflichtet ist, wo die Oeffentlichkeit zweckwidrig sein würde, weil durch sie nicht nur das berechtigte Interesse des Staats, sondern auch die im Einzelfalle von dem polizeilichen Thun berührten Staatsgenossen unnöthig geschädigt werden könnten (das Verschweigen ist an sich kein Unrecht, und wenn das Gesetz nicht das Gegentheil verlangt, darf Jedermann seine Privatangelegenheiten geheim halten);

die vom Gesetze geforderte Denunciation wahrgenommener Ordnungswidrigkeiten, eine Pflicht, deren Erfüllung in concreto doch unmöglich von dem discretionären Ermessen des Beamten abhängig sein darf;

die Strenge, ohne welche die Polizei ihrer Aufgabe nicht genügen kann, und welche von der Gerechtigkeit nicht zu trennen ist;

die unter Umständen zwingende Nothwendigkeit, dem bloßen Verdachte Raum zu geben;

der bei der Erforschung von Strafthaten zur Anwendung kommende Spür- und Scharfsinn, die Findigkeit und sonstige, oft bis zur Kunst ausgebildete polizeiliche Geschicklichkeit, auf welche zwar, wenn sie frei von Täuschung und Vertrauensbruch sind, die Bezeichnung „List" nicht zutrifft, welche aber der im bürgerlichen Leben mit Recht hochgeschätzten biederen Geradheit nicht immer entsprechen;

die im Gesetze vom Staate eingenommene Stellung zur Prostitution und der daraus für die Polizei erwachsende Zwang, mit dem Laster zu pactiren;

dies und anderes, wenn es auch in redlicher Weise geübt wird, widerstrebt dem feineren Empfinden und Manchem, was in guter Gesellschaft Norm ist. Daher kann, so lange man nicht gelernt hat zwischen gewissenhafter Erfüllung der Berufspflichten und dem Verhalten im Privatleben zu unterscheiden, so lange unser deutsches Publicum nicht zu besserem Verständnisse staatlichen Lebens gereift und in dieser Beziehung etwa auf die Stufe gelangt ist, welche das englische Volk einnimmt, es durchaus nicht Wunder nehmen, wenn in Deutschland nach vieler Leute, sagen wir der „öffentlichen" Meinung die Polizei noch jetzt zu den „unehrlichen Hantierungen" gehört (als welche man in vergangenen Zeiten die der Scharfrichter, Hirten, Schäfer, Müller, Schauspieler, Barbiere, Leineweber, Zöllner, Todtengräber, Thurmwächter, Gerichtsdiener u. f. w. ansah), ihren Organen also levis notae macula, ein leichter Schandfleck, anhaftet. Doch auch die unbefangene und mildeste Beurtheilung wird correctes polizeiliches Thun oft unschön nennen. Freilich wird sie daneben berücksichtigen, daß dies Thun durchaus nicht den Zweck und die Aufgabe hat, auch nicht den Anspruch erhebt, schön, wohl aber nützlich zu sein. Mit dem Schönheitsmangel sind andere Verwaltungszweige ebenfalls behaftet, z. B. die Strafrechtspflege, welche „das unedle Geschäft der Rache" treibt, die Erhebung öffentlicher Abgaben, jede Controle. Die im Erziehungs- und Unterrichtswesen zwecks Wahrung der Disciplin erforderlichen und unausgesetzt zur Anwendung kommenden Thätigkeiten — Vigilanz, Prävention, Repression, Erforschung — sind nichts anderes als „Polizei" im kleinen Kreise, und die davon Betroffenen werden nicht geneigt sein, sie herzerfreuend zu nennen. Was die Schule disciplinirend beginnt, liegt der Polizei ob, mutatis mutandis fortzusetzen. Auch das der Polizei analoge Kriegshandwerk hat bekanntlich zwei Seiten, deren eine dazu führte, den Krieg eine Geißel, ein schweres nationales Unglück zu nennen.

Uebrigens liegt schon in der allgemeinen Aufgabe: Hemmung der Kräfte zum Schutze bestehender Ordnung, für viele eine Ursache, der Polizei abgeneigt zu sein; die Polizei ist ihrer Natur gemäß conservativ. Man erkennt vielleicht an, daß die wahre Freiheit eine beschränkte Freiheit ist, aber kommt die eigene Person in Frage, so empfindet man die staatliche Beschränkung des im Wesen jeder Kraft liegenden Bestrebens zur Entwickelung leicht als ein Uebel, dessen Druck zum Hasse führen kann. Vollends, wenn es sich um die politische Richtung und Partei handelt. Seit länger als einem Jahrhundert werden die Gemüther von Fragen der Politik — neuerdings besonders der Socialpolitik — und des öffentlichen Rechts beherrscht; man ist sehr feinfühlig auf diesem Gebiete. Gewiß, die Polizei hat mit der Gesinnung nichts zu schaffen, und wenn sie ihren Einfluß zur Erzielung „guter Wahlen" geltend macht, so widerspricht das völlig der im Rechtsstaate ihr zufallenden Aufgabe. Wohl aber soll sie die Rechte des Staats gegen Angriffe von Innen, also gegen feindliche Handlungen, schützen; ihre Pflicht, Störungen der öffentlichen bürgerlichen Ordnung zu verhüten, die Uebelthäter zu entdecken, Personen zu beachten, welche verbotenen Thuns, verbrecherischer Verbindung auf Grund amtlich constatirter Thatsachen verdächtig sind, bezieht sich auf alle durch das Gesetz verpönten Handlungen. Ausnahmebestimmungen zu Gunsten politischer Straftaten giebt es zur Zeit nicht, sie würden auch unverträglich sein mit dem Wesen des Rechtsstaats.

Dennoch ist in Deutschland die „öffentliche Meinung" in derartigen Dingen höchst unzuverlässig. Zu ihrem verwerfenden Urtheile über die Ausführung der Karlsbader Beschlüsse (1819) gelangte sie erst, nachdem diese lange wirksam gewesen waren. Die politische Reaction, welche den revolutionären Thaten in den Jahren 1848 und 1849 folgte, war in einigen deutschen Staaten, hauptsächlich in Preußen, trunken von den errungenen Siegen, zuweilen maßlos und bösartig. Aber sie war, wie Riehl (Culturgeschichtliche Charakterbilder S. 316) vollkommen richtig sagt, „durchaus nicht bloß eine Reaction der Fürsten, sie war vom Volksgeiste selbst gestützt und getragen, der culturgeschichtlich nothwendige Gegenzug gegen das überstürzende Vordringen der Revolution, die weit weniger geschlagen worden, als sie sich selbst vielmehr geschlagen hatte." Die Berliner Polizei unter Hinkeldey ward als Muster betrachtet und war ein Jahrzehnt hindurch recht eigentlich ein verhätscheltes Schoßkind des Publicums, dem man selbst schlimmste Unarten nachsieht. Das mag denen unglaublich erscheinen, welche jene Zeit nicht politisch gereift oder reifend erlebt haben und heute im Vereine mit einst sehr eifrigen „Conservativen" Steine auf die damalige Polizei werfen. Unsere gemäßigt-liberalen Politiker der Gegenwart, zum Theile noch der 1848er Demokratie entstammend, haben in erstaunlicher Inconsequenz vielfach der Ausnahmegesetzgebung gegen die Socialdemokratie zugestimmt; schwerlich ist, als ihre Partei die unterdrückte war, gegen sie in den reactionären Kreisen mit so viel Entrüstung, Erbitterung und Spott geredet und gehandelt worden, als seit zehn Jahren und länger vom Liberalismus gegen die heutigen Socialdemokraten. Diese aber bieten bereits das Schauspiel inneren Zwistes; vielleicht stimmt die Mehrheit auf ihrer Seite früher oder später zu, daß ein energischer Polizeiminister gegen ihren linken Flügel ebenso zu Felde zieht, wie früher Puttkamer gegen sie selbst, Kamptz gegen die Demagogen, Westphalen und Hinkeldey gegen die Demokraten.

Welche Wandlungen! Auch im Hinblicke auf sie erkennt man, daß es für das polizeiliche Thun nur eine Grundlage und Richtschnur geben darf: das Gesetz. Wie man den Richter verdammen würde, welcher die Schwächen und Leidenschaften der Menge in Beurtheilung gesetzwidriger politischer Thaten theilt, so müßte eine Polizeiverwaltung Verachtung verdienen, welche hinsichtlich der im Namen der Politik verübten strafbaren Handlungen ihre Pflicht bei Seite setzte, mit halber Kraft arbeitete, feindliche Bestrebungen ignorirte, eigene

Politik triebe, ihr Ermessen und Belieben über das geltende Gesetz stellte und damit revolutionär würde, der öffentlichen Meinung Rechnung tragen wollte oder gar die Wechselfälle der Politik und Repressalien befürchtete. Wohin sollte es führen, wäre ihr gestattet, über die Beweggründe die That zu übersehen, diese durch jene als gerechtfertigt anzusehen?

Genug, die der Polizei zustehenden gesetzlichen und sittlich zulässigen Mittel werden dadurch nicht verwerflich, daß sie im Kampfe gegen diejenigen gebraucht werden, welche die staatliche Sicherheit i. e. S. gefährden. Sie sind anzuwenden nach der dem Gesetze entsprechenden Zweckmäßigkeit auch im Rechtsstaate, in welchem nicht die Verwaltung, wohl am wenigsten die Polizeiverwaltung, darüber zu befinden hat, ob ein Gesetz gut oder schlecht sei. Für sie ist das Gesetz eben Gesetz, d. h. der Wille des Staats, den sie auszuführen hat, in dem Gehorsam, welcher neben der Tapferkeit den schönsten Schmuck bildet des von uns mehrfach in Parallele gezogenen Kriegsheeres. Will man also die Polizei ändern, so ändere man das Gesetz; der verfassungsmäßige Staatswille beseitige, was im heutigen correcten polizeilichen Thun odiös ist. Ist ein solches Gesetz aber nicht möglich, so sei man, das nothwendige Uebel ertragend, gerecht, wie es im Rechtsstaate nicht bloß der Verwaltung, sondern auch dem Staatsbürger geziemt. Sein Widerspruch gegen incorrectes Verfahren, gegen Mißbräuche und Auswüchse im Polizeiwesen entspricht der Gerechtigkeit, nicht aber sein Widerwille gegen die Polizei, als gegen eine nach dem Gesetze hemmend, einengend, ordnend wirkende Kraft.